我们的课程

故事

邓晓红 等 著

中国海洋大学出版社
·青岛·

图书在版编目（ＣＩＰ）数据

　　我们的课程故事 / 邓晓红等著. — 青岛：中国海
洋大学出版社, 2020.6
　　ISBN 978-7-5670-2524-0

　　Ⅰ.①我⋯ Ⅱ.①邓⋯ Ⅲ.①课程－教学研究－小学
Ⅳ.①G622.3

　　中国版本图书馆CIP数据核字(2020)第112026号

我 们 的 课 程 故 事
WOMEN DE KECHENG GUSHI

出版发行　　中国海洋大学出版社
社　　址　　青岛市香港东路23号　　　邮政编码　266071
出 版 人　　杨立敏
网　　址　　http://pub.ouc.edu.cn
订购电话　　0532-82032573 （传真）
责任编辑　　王 慧　　　　　　　电　　话　0532-85901984
电子邮箱　　shirley_0325@163.com
装帧设计　　祝玉华
印　　制　　青岛中苑金融安全印刷有限公司
版　　次　　2020年10月第1版
印　　次　　2020年10月第1次印刷
成品尺寸　　170mm×230mm
印　　张　　11.75
字　　数　　145千
印　　数　　1~2600
定　　价　　58.00元

发现印装质量问题，请致电0532-85662115，由印刷厂负责调换。

本书顾问

马玉宾　青岛大学师范学院讲师　博士
娄　雷　乐学网主编　山东省政协委员

邓晓红名校长工作室成员

邓晓红　青岛朝城路小学
王成广　青岛市即墨区第四实验小学
高彩霞　青岛市城阳区夏庄街道夏庄小学
戴　茜　青岛长阳路小学
邱　琳　青岛八大峡小学
毛小园　青岛市南区第二实验小学
乔严平　青岛百盛希望小学

序

努力成为更好的自己

　　课程改变，学校就会改变。课程改革需要立足学校实际，需要师生共同努力。无论多好的课程改革方案，如果不适合学校的具体情况，得不到师生的认可，就一定不会成功。

　　学校课程改革需要提升校长对课程的领导力。课程是校长实现办学理念的载体，它指向学校的培养目标，指向学生全面而有个性的发展，指向学校的根本任务的实现。学校应落实好国家课程，实现国家课程、地方课程和校本课程的有效整合，提升课程品质，形成具有特色的课程体系。

　　校长的课程领导力如何有效发挥？校长在学校的课程改革中应该扮演什么角色？在现实工作中，校长们的课程领导角色扮演得如何？在整个学校课程改革的过程中，仅靠校长的领导力是否能够保证课程改革顺利进行？校长们遇到了什么问题和困难，又是如何解决的呢？关于这些问题，我们可以在这本书中找到答案。

　　努力成为更好的自己，是邓晓红及其工作室成员的追求。本书从不同的角度，以丰富的案例和故事的形式，向我们呈现了一个个生动的场景。这些故事指向课程的规划、建设、实施、评价等主题，有内容，有思考，有策略，有指南，表现了校长们的睿智。

　　虽然我与邓晓红校长接触有限，但从该书中，可以看到她和她的工作室成员长期实践、持续创新的智慧结晶，同时，在阅读过程中，我为校长们的勤奋、敬业和专业深深地感动，更为他们每个人对学生那份深切的爱感动。希望该书能成为广大教育工作者推进课程建设工作的助力，为更多的学校提供行之有效的实施策略和方法，让更多的学生从中受益，让更多的老师得到滋养，努力成为更好的自己。

龚孝华
广东省中小学校长培训中心
2020年立夏夜

自序

这是一本讲课程建设与改革、课程领导力故事的书。

这本书是邓晓红名校长工作室所有成员，立足本校实际，狠抓课程建设、改革的研究成果集锦。

近几年来，青岛市基础教育特别注重课程改革的推进。青岛市基础教育改革进入内涵发展阶段。提高学校课程领导力成为进一步深化课程改革最有力的抓手。

一所学校聚焦于学校课程建设，这是学校迈向卓越的必由之路。我们历经几年的研究，积极实践，取得了丰硕成果。我们期望将这项成果呈现出来，期望所呈现的不仅是结果，还包括过程，是能"看得见"的真真切切地提升课程领导力的过程。我们工作室成员来自不同学校，有传统名校，有薄弱学校，有城市小学，也有城乡接合部小学、农村小学。本书以最真实的样貌呈现了十几年来一线校长对课程的思考和实践，用课程发展故事和座谈记录呈现了不同样态的小学的课程现状，从而让读者与我们一起分享与审视这些做法和经验。

本书是以故事的方式来呈现的。我们尝试用一个个故事展现课程领导者的思想力、决策力、执行力、人格魅力。这些故事有鲜活的内容，有独到的思考，有实用的策略，有行动的指南。故事中的关键事件是重要的教育契机，它能告诉读者什么是重要的，什么是要做的。

本书是"可视化的"，用"研究手记"来记录校长在提升课程领导力的研究中的实践。

本书有七个故事，指向课程的规划、建设、实施、评价等核心主题。课程建设是以校长为核心的课程领导团队依据地方、学校和学生的发展需要，在具体的学校情境中做出选择、决定、调整、适应。我们期望通过这些故事阐述我们对领导者和领导力的认识，也期望读者能从这些故事中找到适合自己的课程领导之道，并付诸行动，永远向前。

从故事中，读者可以了解校长的课程领导是校长带领教师认识课程、实施课程的过程，是和教师共同学习、共同探索、共同收获的过程。校长的理想必须得到教师认同并且化为具体行动，理想才会变成现实。我们重视培养教师的反思能力，提高教师的课程实践能力。以往课程改革只关注学生发展，忽略教师的专业发展；教师只是课程的被动实践者。现在我们认识到，课程改革不是单一的教材变化，它带来的是教学的整体变革，其中，最重要的是学生的成长和教师的发展。学校课程开发对教师的素质结构有更高的要求，教师不仅要有较高的专业知识水平和教学能力，还要有评估学生发展的能力与实践、反思的能力。教师的反思能力尤为重要，它是教师胜任教学工作必要的能力。我们请专家讲课，丰富教师知识结构；我们鼓励教师多参加各种文化活动，丰富教师的文化艺术修养；我们培养教师，重视教师才艺发展，鼓励教师发挥特长；我们重视青年教师的专业成长，提高他们的实践和研究能力。许多教师充分了解了课程建设和改革的过程，也感受到了教师专业发展带来的收获。

从故事中读者可以了解课程对学生发展的价值和作用是毋庸置疑的。一所学校的课程是学校个性的体现，是学校对学生未来发展所应具备的基本素质进行培养的核心载体。为落实核心素养的培养，我们必须建立起一个适合学生多元发展的课程体系。在学校课程建设与改革过程中，我们的思路是要创造让学生展示自我的机会，让学生在学校体验成长的快乐，体验成功的快乐，让每一个学生都能有所发展，热爱学校生活，每天都盼望来到学校；学习成绩好的学生可以从学科学习中得到满足，学习成绩不理想的学生可以从其他种类的课程中获得满足，有个性的学生可以有机会获得个性的发展，有特长的学生可以有机会发展自己的特长；他们可以学习自己感兴趣的知识，参与自己感兴趣的活动，他们在一个积极向上的环境中享受快乐的童年生活，憧憬美好的未来。

我们十分感谢多年来一直关心和支持工作室发展的各级领导，我们也十分感谢多年来给我们提供指导和帮助的专家、学者。

这是一段充满挑战和机遇的教育旅程，这是一系列基层学校的实践与研究。

基于梦想——探索，基于发现——革新。

在这之前，一切悄悄萌动；在这之后，一切都已慢慢蜕变。

这是一段旅程，而不是一个终点。

我们一直在路上……

邓晓红名校长工作室全体成员

2020年初春

目录

上篇

筑梦未来　赋能成长

——记青岛朝城路小学"适切课程"建设

教育应该是什么样的？教育情怀应该是什么样的？正如一千个人眼中有一千个哈姆雷特，这两个关于教育的深度叩问，不同的群体可能给出大相径庭的答案。作为青岛朝城路小学的校长，我和学校的老师们对这两个问题也进行了深入的探索和思考，而所得的结果，蕴含在学生们入校后天真烂漫的笑容里，蕴含在家长把孩子送入校门后安心离去的背影里，蕴含在全体老师坚守讲台兢兢业业的身姿里，更蕴含在我们对课程建设精益求精的追求里。

一

青岛朝城路小学，坐落在岛城风光旖旎的西部老城区海滨，创办于1932年，至今已有88年历史。老城区，老校园，按常理推想，这本该是一所有着厚重教育资源历史积淀的大校、名校；可事实上，在名校林立的市南区，基于种种原因，早些年的朝城路小学并没有很强的"存在感"。尽管在历史的风雨雕琢中，学校不断吸收着成长的养分，默默积累，却并未呈现势如破竹的进步态势。如果将市南区众小学的发展比作一场马拉松，那么当时的朝城路小学就是一名暂时只能自己跟自己较劲的选手，没有能力迅速赶超其他选手，甚至偶尔还要看着个别对手"弯道超车"。

有时，突如其来的转折点可能会使事态发展彻底变轨。2017

年暑假，青岛市南区30多所中小学集体"换帅"。我离开了深耕11年的青岛市实验小学（原青岛江苏路小学），被派往青岛朝城路小学任校长。我作为齐鲁名校长，尽管这些年来积累了丰富的教学、管理经验，也取得了一定的成绩，并被同行赞许有能力、有魄力、有方法、有规划，但是接到一纸调令后，我仍深感肩上责任重大。因为从岛城的"标杆"小学转战当时还默默无闻的社区小学，不仅意味着我要重新定位自己的工作坐标，还意味着我将肩负起一所小学的重构重任。

顶着名校校长光环，初到朝城路小学，我当时迫切希望自己能真正扎根社区学校，把自己的教育理念带给老师和孩子们，为学校增添一分光彩。而在新学校迎接我的，不仅有期盼、支持，还有探寻——"她的要求会不会特别高？""跟着她干是不是会很累？""她来了之后学校会变成什么样？"质疑声入耳，我坦然以对，多说无益，唯有俯下身子，以实际行动给出答案。

二

知己知彼，百战不殆。我正式走马上任后的第一件事，就是在保证工作效果和效率的基础上，拿出了足够的时间将学校各方面的情况摸清、摸透。

朝城路小学地处老城区，约50%的学生为新市民子女，一小部分学生家庭甚至还挣扎在温饱线上，为保证一家老小每日所需，家长不得不疲于奔命，拿时间换金钱，连陪伴孩子都是一件"奢侈"的事。在这种状态下，家长很难保证有时间认真考虑孩子的教育问题、成长需要。学生们的情况，我看在眼里，急在心里，并且意识到这所学校的学生们需要更多地依靠学校来完成基础教育，夯实学业基础，这就意味着学校将肩负起更沉重的责任；而校长义不容辞地成为这份责任的首要承担者。

分析学校教学现状，我顿感任重而道远——彼时的朝城路小学，学校课程建设相对滞后，仅依托于国家课程，自我定位不够明晰，缺乏校本课程。老师群体比较年轻，专业素养虽然不错，但整体对专业的理解还不够广、不够深，老师在课堂教法层面上还有很大的上升空间。种种状态远不足以实现我的预设教学目标。

时间回溯至十余年前，初任校长，我也没有充分认识到课程究竟能发挥多大的作用。彼时，老师们习惯性地认为，课程就是用国家规定的教材，上国家规定的课，国家让上什么课，老师们上好就行了。培养目标也以国家课程为基准，老师们对教学工作的思考，还难以达到"到底应该通过什么样的课程培养什么样的学生"这样的高度。

时代的更替与认知的"推倒重建"相互交叠，也裹挟着教育发展一路向前。后来，新课改风潮席卷南北，我忽然意识到，要确定培养什么样的孩子，需要先确立更为明确的教学目标，这一目标必然会因时、因地而有所区别，教学就不能仅限于国家课程，需要因地制宜、因势利导，应先确立自己学校的育人目标，这一目标则决定了学校课程建设的整体发展方向。手握朝城路小学管理这份"考卷"，我决定先回答育人目标问题，再回答内容选择问题，然后解答课程架构问题，最后解决教学评定问题。

三

朝城路小学课改蓝图已然在脑海中勾勒出雏形，后续准备工作却需要徐徐图之。"微信运动"上每天一两万的步数记录了我那段日子的付出，在办公室备一双运动鞋更成了我高效工作状态的有力保障。在与老师们的朝夕相处中，我也默默展现出公平、公正、无私、坦荡，和老师们磨合出了充分的默契。课程改革的准备工作完成于2018年初，我知道，大刀阔斧改进的时机成熟了，我决定紧抓课程建设这个工作的主要矛盾，带领老师们开启朝城路小学教育发展"大提速"历程。

教育，归根结底是对人的教育，而人是课程建设的根本出发点和落脚点。我带领老师们在思考、确立育人目标时，结合学校实际，筛选出了三个关键词——"海商"、关键能力、德润校园。

我们的学校坐落在海边，依托海洋，借助海洋来发展学校教育，提高学生们的"海商"是我们提炼办学理念、育人目标时的重要思考。以前提到海洋教育，老师们一般会想到海洋知识的学习、海洋奥秘的探究，但是随着我们对"海商"教育的进一步探索，愈发意识到原先认知的局限性，海洋知识的学习只是海洋教育的一个方面，而不是全部。于是，我们开始挖掘海的内涵，校外专家、家长、老师、学生集思广益，深入地讨论：什么是海文化？海带给我们什么启示？我们要学习海的什么精神？在智慧的碰撞中，我们找到了海的精神。海是兼容并包的，有博大的胸怀；它是不断运动变化的，象征激情与奋斗；它内含丰富的物种，象征强大的生命力和希望。"海商"像"情商""智商"一样，应该是反映学生能力的一个指标、一种教育成效的体现，因此老师们将培养学生海的品格作为学校德润校园工作的重点，希望他们都能包容、乐合作、敢创新、勤实践。

以教育部提出的培养"终身发展""适应社会"两大关键能力要求为切入点，我带领朝城路小学的老师们明确了帮助学生们在学习中适应、为适应而学习的理念，并把关键能力又分解为四种能力：认知能力、合作能力、创新能力、职业能力。这当中又有很多核心要素，比如信息加工、自我管理、语言表达、与他人合作。认真思考这些核心要素，我们找到了培养学生最重要的内容，即让学生会思考，学会合作，具有创新思维和解决问题的能力。

多年来，学校也始终秉承"润德启智、适切生长"的办学理念，依据校情，以"道德浸润"为主线，利用激励发展的评价导向，形成了德润无声的大教育场，彰显了鲜明的办学特色，产生了良好的社会效益。全体师生在这春风化雨的氛围里，为美好的生活夯实基础，为精彩的人生积蓄力量。

基于以上对于"海商"教育和德润校园建设结合的思考，国家对学生关键能力在学校育人目标上的落地，我进一步确定了朝城路小学的育人目标——有自信，能包容，会思考，乐合作，敢创新，勤实践。

一旦树立起明晰的育人目标，进行学校顶层设计便是水到渠成的事。我又先后确立了"润德启智、适切生长"的办学理念，确定了"以海润德、以爱启智、适切课程、快乐生长"的实施途径，把"海商"、关键能力、德润校园有机地结合起来。学校的课程、教学、教师队伍建设、德育等工作都是基于怎样实现"有自信、能包容、会思考、乐合作、敢创新、勤实践"的学校育人目标来思考和规划的。

四

在育人目标的指导下，结合学校的特点，我又带领老师们马不停蹄地架构了"适切课程"四级体系，让课程成为实现育人目标的抓手。

我们的课程四级体系分别为：特定课程、特质课程、特长课程和特需课程。特定课程是以国家课程、地方课程为内容，以校本化实施为途径，全面落实国家课程设置要求，夯实学生的共同基础，培养合格加优质、会思考的学生。特质课程是以学校特色课程和活动为载体，开设培养学生创新精神和实践能力的朝城路小学特质课程，培养会思考、敢创新、勤实践的学生。特长课程是开设学校社团和社会实践课程，为具有特长的学生搭建展示自我的舞台，培养学生的自信心，让每个学生都能主动地、快乐地发展，激发学生持久的学习力，培养有自信、乐于合作的学生。特需课程则以满足特殊需要为责任，为随班就读的学生、少数民族学生、来自特殊家庭或特困家庭的学生提供特殊服务；为学有余力、特长突出的学生探索"奇点计划"，搭建更高的学习平台；为每位学生的发展提供全员导师制助力，不让一个学生掉队。

四级体系的架构，并非一蹴而就，而是在结合本校学生现状的基础上，一点一滴打磨出来的。每次谈及这个话题时，一张张孩子和家长的生动面孔总会闪动在我的眼前。

我们学校有一个学生，他的父亲去世了，母亲因为工作需要住在集体宿舍，很长时间才能回家一次，他只能跟奶奶相依为命。有一天天色已经暗了，学校的一位老师下班偶遇这个学生，发现他在学校马路对面的医院台阶上趴着写作业，老师上前一问才知道，这个学生回家后，年迈的奶奶没办法很好地照顾他，也完全不能帮助他学习，只能递上手机让他玩，不让他写作业，只要他一直保持安静就行……听到老师这样讲，我既替孩子心酸，也替老人感到无奈。像这种完全不在乎也无力在乎孩子的教育的例子，据我了解，几年前在我们学校家长中并不鲜见。

我来到朝城路小学后不久，在反馈、讨论家访结果会议上，听一位老师提到了一位卖海货的家长说："你看我卖蛤蜊，挣出了房子，还养着老婆和俩孩子，所以孩子为什么要辛苦地学习，也不见得能学出个什么样来，以后我的摊儿留给孩子就行了。"

这些人和事交织在一起，让我看到学校的一部分学生和家长因为家庭原因缺乏一定的学习热情，如果想让学生和家长都以一种更为积极向上的态度面对学习，我所能做的就是借助四级课程体系，让学校彰显出更饱满的教育热诚，充分调动孩子的学习积极性，调动家长的共育积极性。

在大致确定四级课程体系后，我也曾经一度陷入纠结：一所小学的课程要搞得这么复杂吗？是不是应该更简单一些，更朴实一些，指向性更明确一些？在构建体系的过程中，经过一年多的思考，我找到了答案——想培养什么样的人，就要有什么样的课程与之匹配。如果我们想培养的学生是简单、朴素的，那么课程也理应是简单、朴素的。可是纯粹、简单、朴素的人，是不容易适应瞬息万变的未来社会发展的。未来的人才应该像一颗钻石，每个面都被打磨得熠熠生辉，才能适应多元化的社会需求；而这样的复合型人才需要相应的多元化课程来塑造，这样的课程体系就注定是相对立体的、复杂的。

五

明确了育人目标，构建起学校顶层设计，课程建设的框架也已搭好，但是，我并没有缓一口气的机会和打算。我深知，如何将更丰富、完善的课程内容填充其内，让全新筹划的课程建设能够真正立得住、站得稳、走得远，才是接下来要上演的重头戏。

课程建设工作如何具体推进？我首先考虑的是优化特定课程，这样才能培养出合格、优质的学生。朝城路小学的特定课程是以国家课程和地方课程为基础，关注学生人文、科学、健康等基本素养，加强语文、数学、音乐、体育、美术、健康、综合实践、科学等学科领域基础建设，丰富和拓宽学科内容，改进和提高教学效率，培养合格、优质的学生，这是实现育人目标的基石。而"优化"具体落实于两个方面：一是优化课堂教学，二是优化学习平台。

在优化课堂教学方面，我和老师们提出了"打造启智课堂"的想法。特定课程的实施点在课堂，抓好课堂教学是学校一项长期而艰巨的工作，所以2017年秋季开学之初，老师们的第一项任务就是深入课堂，多听课，找优点，查不足。9月，我邀请教研员和学校学术委员会成员一起对各学科课程、每位老师的课堂教学进行"诊断"，发现课堂中的优势和不足。针对现有教学状况，学校制定了《启智课堂公约》，依托育人目标，提出：课堂教学"两重"，即重学生关键能力的培养、重学生自主学习能力的培养；课堂教学"三思"，即思全员学业质量、思自主学习能力提高、思学生思维发展水平；课堂教学"六问"，即围绕教学目标、课前准备、自主学习、思维训练、课后反馈、教学智慧六个方面来观察、审视课堂教学。

2017年10月，我开始进行《启智课堂公约》的推进，通过集体培训和全体老师一起学习和解读公约，并指导老师们在自己备课、上课、课后反思时比对公约查找问题，及时改进自己的课堂教学。11—12月，学校启动了"启智课堂公约建构"活动，通过青年教师展示课、骨干教师示范课、名师引领课等形式，征集"启智课堂"中的案例，提炼合作学习策略，并进一步生成指导纲要来提升全校教师的课堂教学水平。

体育学科是朝城路小学的优质学科，平日我经常和老师们一起研究、思考，如何将优势继续保持并强化，对先进理念、新型课堂教学模式有我们自己的认识和解读。有经验的老师也积极带动新老师参与课题研究和教研活动。老师们深入研究了市南区体育教研员张培欣老师提出的13种教学风格、"三有课程模式"及"三知理念"等体育教学知识，理念上有了很大的转变，将过去体育课上单一的技术教学过渡到目标的递进、延伸，多点、多方向地为学生的体育专项技能学习提供帮助。课堂教学中，朝城路小学的老师们也注重与其他运动项目技术动作的结合。

学校有一位老师原来是国家体操队的运动员，和李小双、李大双是同届。第一次了解到有这样的优质教师资源，我就决定将体操打造为学校体育特色课程，改版了学校课间操，全面锻炼学生的平衡能力、协调能力。

体育学科的优质课堂变革和打造，给其他学科树立了很好的榜样，起了引领作用，让全校各学科都有了进步的动力和方向。

人工智能方兴未艾，也为我校课程注入了新的活力。海洋课程中，学校引进VR（Virtual Reality，虚拟现实）技术，突破了传统意义上的教学模式，学生坐在课堂里就可以感受到扑面而来的海洋气息，他们在学习海洋知识、探寻海洋奥秘时更有兴趣，更乐于实践，敢于创新。为了促进学生的体质发展，学校开发了运动健康管理手环，运用物联网技术监测学生的运动情况，收集群体运动大数据，促进学生体质健康发展。同时，这些数据也作为老师们上课的依据，根据学生的心跳指数，及时、有效地调整运动量，使课堂教学更加科学、有效。

我们还优化了学习平台，构建了素质发展监测评价平台。学生的发展、课程的建构都要体现评价先导，于是老师们开始探索怎样通过评价来调动学生的学习主动性，着手研发自己的素质发展监测评价平台。平台涵盖学生精神品质、学习习惯、阅读素养、特长发展、全员导师评价等方面的内容，学生和老师都有自己的账号，可以随时登录。老师在平台上可以发布学习内容，评价学生的表现；家长和自己的孩子使用同一账号，可以在家里、学校里随时登录，学生自主选择项目进行学习体验，上传自己的表现情况、作业情况、特长发展的作品，也可以查看老师的评价、导师的评价。素质发展监测评价平台将学校教育和家庭教育有机融合，将教育从学校延伸到家庭。同时，平台也将记录学生六年的学习轨迹，为学生选择特长、选择专业提供最原始的数据支持。

我们首先从学生的阅读素养评价开始建构，通过平台实现对学生阅读量和阅读水平的监测。我们将每学期学生必背的唐诗、宋词以及必读书目、选读书目上传至平台，学生们可以自主选择时间阅读并答题，老师们也可以根据学生的阅读情况及时调整自己的教学。

党的十八大以来，习近平总书记就强国战略发表的一系列振奋人心的讲话中，"创新"一词频频出现。拥有大格局的教育工作者注定不是抱残守缺的，只有始终心怀创新，才能写好教育工作的新篇章。朝城路小学在优化基础课程的基础上，大胆创新特质课程，目的是培养敢创新、勤实践的学生，这也与育人目标中的敢创新、勤实践相一致。

特质课程如何有效开展？我将"德润"教育作为首要着眼点，结合育人目标，带领学校骨干教师自编了本土化德润课程："德润娃学礼仪""德润娃炼情商"。这两门课程注重对学生进行礼仪教育、传统文化教育和心理健康教育，现在在三、四年级开设，通过这样的课程让学生具备有自信、能包容的品质。

学生们的视野决定了他们能走多远，现代科技飞快地发展，学校的课程也要跟上时代的步伐。于是，我将"创客"等名词引进校园，带入班级，在三至六年级开设了科创教育系列、海洋科技系列、科技探索系列和创客体验系列11门科技创新课程。科创教育系列包含涉及编程、3D空中打印、无人机项目的科技创新课程；海洋科技系列包含涉及潜望镜、水路两栖船、巴克球、玫瑰灯的动手制作的课程；科技探索系列包含涉及电灯笼、织布机、笼中鸟等的需要学生利用科技原理解决问题的课程；在创客体验系列课程中，我校专门安排老师邀请了飞行员和学生一起进行了航空航天的VR体验。这些特殊课程让学生产生了浓厚的兴趣。

学生的学习要有自主性，对于课程的选择，我愿意把主动权交给学生。科技嘉年华活动中，学生会提前拿到老师下发的课程地图和课程介绍，对照着这些内容来规划自己的课程体验轨迹，也可以和好朋友一起商讨。多元化的课程内容让学生目不暇接，有无人机飞行、航拍体验、飞机模型展示、VEX机器人展示、神奇的纸飞机、定格动画、3D打印坊、模拟飞行、缤纷贺卡、智能可穿戴电子产品、"海洋＋STEAM"、VR海洋，等等。有了自主选择的权利，学生的学习热情也愈发高涨。

除了让课程本身具有魅力，我也在上课形式上进行了新的尝试——让学生实行走班式学习，让他们动起来，到不同的教室去参加课程。班主任老师根据学生自主选择的课程进行分组，每个组的学生都由本班的家长导师或青年导师带领到指定教室上课。每个教室里配备的专业老师引领课程，学生自己动手制作，亲自体验，领略科技创新的魅力，这样的课程让学生开阔了眼界，更加敢于创新、勤于实践。

适切教育，顾名思义，"适"即"适合"，"切"即"贴切"。作为一名教育工作者，我始终认为，教育只有从学生的需要出发，尊重每一个学生的个性，才能促进每一个学生的发展。适切教育就是要尊重差异，承认孩子的个性、兴趣特点，而朝城路小学的特长课程就是要满足每个学生的个性需要，培养出乐学习、会合作的学生。

我们以学生兴趣爱好、优势特长为着力点，尊重学生特长发展的需要，挖掘本校的教师资源，并结合校外资源，开设了合唱、舞蹈、机器人、足球、篮球、排球、美术、戏剧、英语（包括歌唱、绘本等）、阅读、科技等社团课程，让学生自主选择课程。学生选课前，老师们会召开专门的会议，讨论运用"双向选择"的原则来确定每门课程选修学生名单，即每位学生根据兴趣，自行选择两门课程，然后再由指导老师根据本学科学生人数、学生特长等做出二次选择，最后在双向选择的基础上，确定每门课程选修学生名单。学生选课时，老师分头走进各个班级之中进行指导，帮助学生完成选课意向调查表。学生问卷调查工作的顺利完成，为特长课程的实施做好了准备。

同时，学校也依据课程建设和实施的需要，有计划、有目标、有组织地开展社会实践课程，以求综合课程共同发展。比如根据季节变化开发的在春天、秋天等上课的季节性课程；根据学生学习兴趣，开发的体育嘉年华课程、亲子游戏课程；根据学生的发展需要，开设数学节、英语节等学科体验课程，学生们都很喜欢。

此外，我也非常注重充分调动家长资源，启动了家长助教拓展课程。四年级一班一位家长是法官，我们邀请他来到课堂上，以"身边的法律"为题，给学生讲解案例。一个个鲜活的事例，为学生展现了许多社会视角，让学生懂得了许多法律常识，提高了他们的法律意识。五年级三班的一位家长是巧手达人，我们便邀请她推出了"手工制作DIY"课程，她将自己的作品带到课堂上，带领学生进行插画技艺的学习。整堂课中，学生被艺术的魅力深深吸引，积极参与，纷纷模仿。另外，"老师妈妈讲礼仪""初中英语学习初体验""我的成才路"等讲座，都是家长通过自己的成长、工作体验，给学生做了很好的榜样示范作用，也给学生带来许多新的体验，助推他们的成长。

教育的任务是要培养学生成为一个独特的人，我校的课程设置也注重从"统一批发"走向"个人定制"，兼顾每个学生的特点，围绕学生的需求来建构。在这个前提下，特需课程出炉，培养了一个个有自信、能包容的学生。

教育是有温度的，应该像阳光一样温暖每个学生的心房。我校有一些家庭特殊、身体残疾甚至心理有障碍的学生。为了不让任何学生掉队，我首先考虑的是为这些学生设立特需课程，将法律专家、心理专家一起请到学校，针对学生的情况，共同商定办法，给学生特殊的课程体验，帮他们打开心结，让他们更健康地成长。

谈到特需课程，不能不提起一个让我记挂的学生。我从担任校长起，就形成了早晨在校门口迎接学生入校的习惯。而从我站在朝城路小学门口第一周起，我就注意到了这个学生，他的一张小脸经常鼻青脸肿。起初我问他怎么回事，他总是三缄其口。后来，我经过再三耐心询问，才知道这个学生的家庭非常特殊，父亲是盲人，母亲高位截瘫，父亲因为家庭的情况，脾气很暴躁，动辄下狠手打孩子。家暴对这个学生来说如同家常便饭。这个学生因为家庭的影响，也是打遍全班同学的"小霸王"，下手没有轻重，不计后果。他的班主任和各科任课老师对他都束手无策。面对这个特殊的学生，我没有一丝放弃的念头，只有心疼和担忧——心疼他小小年纪便遭受至亲暴力，担忧他这样的性格以后出路在何方。为了帮助他，我在做通他的家长的工作后，专门请老师带他到专业医院做了评测，结果是他的躁狂指标远高于常人，需要进行心理干预。从聘请心理老师，到登家门一对一送课，再到他情况好转后，单独安排教室由老师讲课，我校的特需课程效能在他身上发挥出了作用。

每个人都有自己的知识、能力和人生经历，每个人的成功方式都是独一无二的，基于这样的理念，学校还在特需课程中实施了"奇点计划"。学生当中有一些特别有天赋的，他们可能在某一方面的表现特别突出，比如节奏感强、表演意识强、动手能力强、数理化学习能力强。我们的老师在平时的教育教学中进行摸排筛查，找到这些独特的学生。学校给他们搭建更高一级的平台，给他们更合适的教育，这也是公平教育的一个实施途径。学校借力高位的专业学校，与周边的山东省青岛第二十四中学、山东省青岛第一中学、山东省青岛第十二中学、山东省青岛实验初级中学、山东省青岛第三十九中学、青岛大学、中国海洋大学等学校联系，邀请专业教师来开设一些高端的课程，给这些学生一份私人进程表，给他们更精准的教育。

本着为每一位学生负责的教育初衷，我们还将"特需"推行到家长、老师和校外专家等层面，全面启动了全员育人导师制工作模式：将每四个学生组成一个学习共同体，选一个有时间、会教育、爱孩子的家长做他们的家长导师；聘请青岛大学、中国海洋大学的品学兼优的学生作为他们的青年导师；我校的老师作为学生的学业导师，每个老师分三至五个学习共同体；每个年级配一个顾问团，由校务委员会、校外专家、各行各业的顾问、退休教师等组成，协助导师成长，解决教育难题。

学校还建立了学生档案，方便导师随时了解学生的情况。家长导师负责每月组织一至二次单元小组活动，每一次活动都定主题、定目标、定内容。组织家庭活动，一方面方便导师对学生发展存在的问题做出正确的诊断，另一方面则作为学校教育的有益补充，便于导师全方面、多维度了解学生，从而协助学生制定适切的人生规划，量身打造适合每个学生的特需课程，促进学生适切生长。

六

教育从来不是一件凭一己之力就能力挽狂澜的事。一个家庭对孩子的教育，要靠父母双方齐抓共管；一所学校对学生的教育，则要靠全体教师齐心协力。我作为一名管理经验相对比较丰富的校长，自然更加清楚地知道，教育的基础是教师，学校育人目标的落实、课程的建构，最重要的是教师队伍的建设。抓好教师队伍建设，是夯实育人目标的基石。在坚持不懈紧抓课程建设的同时，我因势利导，开始着手打造多元化教师团队。

我校的育人目标中有"有自信""能包容"，要想培养这样的学生，教师必须也具备这样的品格，所以我们打造的"海派教师"也要具有海的兼容并包的品格，有海的包罗万象的情怀。教育是有温度的，"海派教师"要成为有温度的教师，要用仁爱的心去关心、爱护每一个学生，感动每一颗心灵，要用豁达的胸怀去包容各种各样的学生和家长，将自己的爱心传递给每一个学生、每一个家庭。

怎样帮助老师提升教育的热情和温度？我们学校从一点一滴的小事浸润学生和老师的心。2017年秋季学期，我在学校组织开展了全员家访活动，每周都安排老师走进学生的家庭，到目前雷打不动地进行了三年。老师对在校学生走访过两轮，对个别学生甚至多次家访帮助。学校给老师提供"家访十问提纲"，要求老师观察周围的环境，秉着关爱学生的态度认真倾听其父母的讲述，关注学生的性格、特长发展、学习环境、阅读情况、家长定位等各方面的情况。每次家访回来，我都要求各位老师认真撰写家访记录，学校进行定期的检查和交流。这样的家访活动，让老师对学生、家长进一步了解，让教育更加温暖。

当我了解到学校里有一批新市民子女连生日都没有庆祝过后，便决定每月举行一次生日会，将当月过生日的学生全部集合起来，让他们和我这位校长"妈妈"以及老师"妈妈"们一起唱生日歌，许生日愿望，吃生日蛋糕。而且每个月的生日会都有一个主题：魔幻世界、海洋大冒险、感恩成长……这些主题生日会给这些学生留下了特别而美好的生日记忆。这样温暖的教育，让每个学生都感受到来自老师的浓浓爱意。

通过以上活动，老师们更加具有海的兼容并包的品格，形成了一支有温度的教师队伍。

我一直认为，"海派教师"除了有温度，还要能够将自己的学科知识与其他的学科进行有机的融合，具备整合的能力，这就要求老师们具有更高的教育智慧。高位的引领是老师们成长的平台，学校在全国范围内聘请专家成立学术委员会，在区域范围聘请专家做老师们的学科导师，为老师们的成长助力。

视野开阔的老师，才能带给学生更多的惊喜、更丰富的课程。学校陆续给老师们创造了很多外出学习的机会，比如闽浙鲁豫四地四校青年教师教学研讨活动、上海的英语学习活动、南京的阅读教学展示等，都给老师们造成了视觉、理念、观点等多角度的冲击，大家接受了更先进的教育理念，体验了更科学的教学方法。

正如海可以容纳百川，教育也应该打造更开放的平台，吸纳更多的社会教育资源来充实教师队伍。一所学校应该与外部世界保持积极的联系，才会焕发出勃勃生机。朝城路小学周边有医院、海关、法院、公安局等单位，这些单位中有美丽善良的白衣天使，有学识渊博的海洋专家，有一身正气的国家干部……这都被学校视为要挖掘的教育人才，秉着"走出去、请进来"的理念，学校将他们引入课堂，丰富了课程，不断开阔学生的眼界，让教育更加灵动。这些力量不断滋养学生的成长，促进学生自我系统与社会系统的连接与良性互动。我们的学校不再是封闭的孤岛，而更像百舸争流的大海。

当前的课程供给不是传统学校教育的特权，教育资源正呈现出开放化、共享化的特征。教育的实施也不再仅限于学校内，我们朝城路小学勇敢地迈出了拆除学校与社会之间的篱笆的第一步。

考虑到教育实施的空间，应该超出传统的校园，我便借助身边的高校等力量，联合中国海洋大学、海洋博物馆、污水处理厂、海关、奥林匹克帆船中心等单位，建立了海洋研学基地，给学校海洋教育提供了更多的场地，为海洋课程助力。

依托基地，我还对学校的教育资源进行了聚合再造，让海洋课程更加丰富，更具有学校个性。首先，我们开设海洋选修课，由专家带来精彩的海洋讲座，邀请高校学生开设选修海洋VR课，为学生的素养提升提供了高位的引领。其次，我们定期组织海洋考查活动，带领学生去帆船中心、污水处理厂等基地进行参观、考察，实地学习海洋知识，亲身体验使学生对知识的掌握更加牢固。再次，我们安排海洋游学课，带学生走出学校的围墙，和他们一起参与到环保行动、志愿服务等活动中，建构起个性化的海洋游学课程，为学生搭建拓宽视野、展示自我的平台，让学生在更广阔的天地里学习。

七

在我的规划表中，2017年9月是全新课程建设的起点，到2019年9月，课程处于持续建构阶段。在这两年里，老师们共同搭建起适切课程实施框架体系，设计科学、可操作性强的课程实施方案，成立了课程促进委员会，初步尝试了特质课程和特长课程，目前已初具成效。

随着一项项改革举措的有序推进，朝城路小学的整体风貌有了突飞猛进的变化。2018年学校考核晋升为优秀等次，还获得了额外奖励。教育教学质量大幅提升，我校教师先后被评为区优秀教师、区优秀班主任、区德育先进工作者、区基础学科带头人、区教学能手。我校多名教师获得市南区优质课比赛一等奖。在2018年市优质课比赛上，一个二等奖花落朝城路小学。在省级优质课比赛上，一等奖也被我校教师收入囊中，我校教师还进军到全国优质课比赛中。在各项体育、文艺赛事中，师生们表现优异。

接下来课程建设将进入实践探索阶段，我们将按照实施方案和老师已有的实践和研究，细化分工，全面实践探索适切课程，并通过研讨、案例分析等方式发现课程实施中的问题，及时调整，同时注意做好过程控制、信息整理和阶段性成果展示工作。这一阶段的工作初步计划于2020年9月完成。

从2020年9月至2021年9月，是总结反思阶段。学校将总结适切课程对学生培养、教师成长、学校发展所起的作用，对照实施方案和实践效果，做出总结与反思，为进一步完善适切课程指明方向。三个阶段看起来思路清晰、计划完备，可只有真正推行实施起来才知道，一步一步走来，我和老师们对于课程建设倾注了多少心血和汗水。

作为一位在学校默默深耕了30年的教育工作者，我始终对教育事业满怀激情。这份激情就像一支火把，我希望自己的火把能够一直熊熊燃烧，并用它点燃老师的火把，点燃家长的火把，点燃学生的火把。因为每个人能力不同，火把也有大有小，但只要火把在燃烧，就能彼此照亮，彼此温暖，彼此鼓舞。每一支火把聚集起来，就能凝聚为一团永不熄灭的熊熊烈火。我希望自己和老师们凭借对教育事业的激情，将朝城路小学的课程建设形成燎原之势，为每一个学生照亮未来。

苏联著名教育家苏霍姆林斯基说："没有爱就没有教育。"在朝城路小学课程建设实施过程中，优化特定课程是我对学生鼓励成才的爱，创新特质课程是我对学生期许成就的爱，延伸特长课程是我对学生渴盼成功的爱，拓展特需课程是我对学生助力成长的爱。这些爱，点滴汇聚，便成了海。

社会在进步，课程在发展。正像《帕夫雷什中学》中提到的，我们的教育处处都要施以特定方向的教育，要使那些将来可能会成为科学家、思想家、作家、艺术家的学生的天资得到发展，智慧和创造才能得到培育。朝城路小学的课程建设还将进一步完善，使其真正实现特定教育，让学生的天资得到发展，智慧和创造得到培育。

筑梦未来、赋能成长，是我的价值，也是我的使命。

柳腔润童心
——青岛市即墨区第四实验小学的柳腔课程故事

　　课程，在学校教育中处于核心地位，教育的目标、价值主要通过课程来体现和实现。在上好国家课程的基础上，如何有效地开发实施校本课程，以更好地提升学生核心素养，进一步促进学生全面发展、自主发展、个性发展，打造学校发展特色，这是很多学校都在思考的一个问题。

　　我校位于即墨，即墨正是柳腔的诞生地。著名诗人、剧作家贺敬之曾经写下"杯接田单饮老酒，醉人乡音听柳腔"的佳句。柳腔就像田里的地瓜、流淌的墨水河、浓郁的即墨老酒，在每个即墨人骨子里已经打上了深深的烙印。柳腔有200多年的历史，被誉为"胶东之花"。1959年青岛市柳腔剧团进京演出，当时国家领导人周恩来、刘少奇、陈毅等观看了演出，并接见了剧团演职员。2008年柳腔被列入国家级非物质文化遗产名录。

　　作为即墨城乡接合部的一所局属实验小学，我校是如何将课程与柳腔结缘，通过一群对教育和柳腔充满热情的人的不懈努力，培养了一批批的小戏迷，从而以戏为媒实现立德树人的教育目标呢？

戏缘

柳腔进校园

凡事皆有缘，柳腔课程进校园也是如此。柳腔剧团旧址位于即墨老城区，因为有一个不小的剧场，所以承担着放电影的任务。我校分管艺体工作的副校长孙云泽经常去那看电影，一来二去，便和剧团的人员混得很熟，喜欢音乐的他也经常去蹭几场柳腔看。2010年春，孙云泽跟曾经在剧团工作20余年、时任文化局办公室主任的于正建闲聊，便自然而然地谈起了柳腔。孙云泽从谈话中得知于正建对柳腔的喜爱，也得知柳腔所面临的观众群体年龄偏大、国家级非物质文化遗产后继乏人的问题。作为一名教育工作者，孙云泽随口提出："为什么不把这么好的东西带到校园里，让孩子们学习？"孙云泽回校后便立即把这个想法告诉了我（青岛市即墨区第四实验小学校长），我也觉得这是一件很有意义的事，随即决定打报告，请柳腔进校园。

报告很快便打上去了，但是迟迟没有回音，后来才知道，那时柳腔剧团团长刚刚退休，时任团长为代理团长，于是我便在焦虑中一直等待。2010年9月的一天，孙云泽突然接到于正建的电话，电话那头掩饰不住激动："我们说的'柳腔进校园'的事马上办！"原来他刚刚调任柳腔剧团的团长一职。于是，我校马上挑选戏曲苗子，剧团安排专职老师，每周到我校上课，柳腔就此在我校扎下了根。现在想起来，柳腔在我校生根发芽，还真是因为一些机缘。

机缘不是等来的，而是争取来的。运气不会眷顾毫无作为的人，我们要勇敢地去争取，若不争取，就算机缘出现在面前也会溜走。因为共同的爱好和责任担当，于正建和孙云泽促成了柳腔剧团和我校的深度合作，为"柳腔进校园"播下了种子，才会有后面的开花、结果。

即墨柳腔少儿培训基地挂牌

一晃几年，柳腔社团在我校小有成绩，但是剧团属于文化部门，学校属于教育部门，在很多问题的协调上还是有一定障碍的。2015年底的一天晚上，孙云泽同于正建团长小酌几杯，又谈起了这个话题：如何才能让"柳腔进校园"持续而且有制度性的保障？

"挂牌，让学校成为柳腔的培训基地！"一个想法生成。本来这么大的事需要白天找相关领导面谈或打报告，但是当天晚上借着酒劲于团长便把一个个电话打给了相关领导。谁知，时任即墨市（2015年，即墨为县级市；2017年9月，青岛市撤销县级即墨市，设立青岛市即墨区）文化局局长蓝英杰更是干脆，在电话那边连说"好事、大好事，我们要马上办，而且要办好"。于是，不到一周时间，即墨柳腔少儿培训基地在我校成立。时任即墨市委常委、宣传部部长衣立渊，政协副主席孙俭习亲自为基地揭牌，时任即墨市教育体育局局长江黎明、文化局局长蓝英杰等相关领导都出席了这次揭牌仪式。于是，"柳腔进校园"的全面展开在制度上得到了保障。事后，于团长开玩笑："如果那天没有喝一点酒，我也不会急着打电话，也许我们这事也不会办得这么快！"

即墨柳腔少儿培训基地成立后，在政策上、资金上及人员上得到了即墨市委、市政府、市宣传部、市教育和体育局、市文广新局等的大力支持，对我校柳腔教学的开展起了很好的推动作用，从此此项工作步入了快车道。

获得领导的支持能更好地做工作，"柳腔进校园"是如此，其他工作也是如此。

戏情

从2010年到现在，柳腔进入我校已经10年，从最初十几个孩子的简单学唱到现在形成柳腔校本课程，全校学生每学期都有一定时间学习柳腔课程，可以说离不开一个个对戏曲、对教育有情怀的人。他们是青岛市教育局体卫艺处副处长赵云凤及区文广新局、教育和体育局的领导；柳腔剧团原团长于正建、现团长张成林、剧团分管业务的副团长解本明、柳腔传人袁玲、编导李秀梅、小团员韩梦和宋雁洲等；高度重视柳腔课程的我校领导班子成员以及薛艳等一批敬业、乐于奉献的老师。

柳腔剧《新墙头记》的诞生

2018年，区教育和体育局要在区中学生基地承办一个省有关法制教育现场会，要给现场来宾留下与法制有关的即墨特色的东西，便想到了我校的柳腔。于是，我们把录制一出跟法制有关的柳腔小品作为我校的一项重点工作来抓。《墙头记》是一出老戏，描写两个儿子不孝顺，逼着老爹骑到墙头上，最后墙倒，两个儿子被压在墙下的故事，这正好是一出对学生进行法制教育、孝亲敬老教育的优秀作品。于是我们马上行动起来，张成林团长亲自指挥，解本明副团长亲自指导，剧团作曲毛元桥老师作曲改编，我校薛艳老师则每天中午加班带学生排练，累了就在排练厅就地躺一下。经过一个多月的努力，一出删减版的《墙头记》诞生了，演出得到了与会嘉宾的一致好评，认为这部作品既表演精彩，又对学生有很深的教育意义。当年，这部作品相继参加了即墨区艺术节、"我是即墨人"小品大赛等活动。

2019年5月，这出《墙头记》参加了山东省戏曲小梅花比赛，省专家评委给予了充分肯定，而且还提出了更高的要求：不能只是照搬老戏，在新时代要有新的改编，让作品紧贴当代学生的思想。于是，评委仅仅给了一个全省的银奖，并给了一个月的时间，让我们回去打磨，决定根据我们加工的情况确定是否推向全国。

我们回来后，柳腔剧团张团长马上召集相关人员召开了会议，重新编排。副团长解本明、作曲毛元桥、柳腔传人徐洪刚和我校孙云泽、薛艳等在一起不停地讨论，不停地修改，力争既保留原剧的精华部分，又让腔调适合学生演唱，最后升华为社会主义"尊老孝亲"的价值观。整整三天，大家几易其稿，经过大家共同的努力，剧本的改编终于完成了。然后，我们开始了密集的排练工作，在暑假近20天里，解本明副团长和薛艳老师一天也没有休息，顶着高温，冒着酷暑。排练期间解副团长患了重感冒，他一边吃着药，一边坚持排练，对学生的每一个眼神、每一个动作都细致指导、认真纠正。

最后大家的努力结出了硕果。在青岛市第29届中小学生艺术节班级戏剧戏曲演讲朗诵展演中，《新墙头记》获得一等奖。在张家港举行的第23届中国少儿戏曲小梅花荟萃比赛中，《新墙头记》一举夺得金奖，并作为山东省唯一一个代表节目参加了向中华人民共和国成立70周年献礼汇报演出。

我校在学校柳腔节期间，组织全校学生观看《新墙头记》，给全校学生上了一场生动的"尊老孝亲"课。活动后，语文老师组织学生开展了"观《新墙头记》有感"征文活动，有的学生在征文中写道："看了《新墙头记》，我一定在家里做一个尊敬老人的好孩子，不做墙头记中的大乖和二乖。"《新墙头记》不仅让学生在艺术上得到了熏陶，还让学生在思想道德上面得到了教育。

《新墙头记》的诞生源于上级给学校的一次演出任务，而《新墙头记》能够夺得全国大奖、赢得大家齐声称赞是因为一群人对柳腔的执着感情、忘我奉献精神、精益求精的工作作风和全体小演员的不懈努力。

即墨柳腔校本课程的诞生

自古至今，戏曲教学方式都是师傅带徒弟，注重的是口传心授，即墨柳腔更是如此，没有一套成型的教材，更没有一套适合学生的教材。教育部在提倡戏曲进校园过程中，曾经推出了几部京剧教材，但是仅仅选取了几个戏曲片段，或者仅简单介绍了戏曲的起源及主要特点。所以在"柳腔进校园"的教学中，剧团和我校的老师面对新的教学模式，可以说无从下手。先教什么，后教什么，怎么教，如何把柳腔与各个学科融合，都是摆在老师面前的难题。

能不能集中剧团和我校老师的智慧，利用现有的资料，结合已有的教学经验，编写一本柳腔教材？于是，我校成立了以校长为组长，分管副校长为具体负责人，剧团及我校音乐老师共同参与的教材编写小组，着手柳腔课本的编写工作。编写过程中，我们先找剧团的专家搜集剧团以前出的几本有关柳腔的介绍及剧目的书，通过讨论，我们初步确定了一些适合小学生演唱的剧目片段，并划定了一些柳腔基本知识点，由剧团专业老师把关，确定知识点及剧目的准确性，由我校老师确定内容的难易及是否适合小学生。

在选取内容的过程中，我们在基本知识的学习方面既选取了戏曲的唱腔、服饰、化妆、表演等知识，又选取了柳腔独有的内容；在演唱方面选取了《赵美蓉观灯》《花灯记》等经典片段；在聆听欣赏方面选取了柳腔代表作品《即墨大夫》《状元与乞丐》等片段；在表演方面重点选取了我们自己编写的适合小学生学习的《司马光砸缸》《墙头记》等片段；另外，我们还大胆地创编了一些内容，例如，用柳腔腔调表演的《读唐诗》《夸夸我校我的家》。

在课本的结构上，我们确立了以音乐课本为范本，以音乐教学中戏曲片段的教学为参考，在每一课中设计聆听、演唱、欣赏、基本知识等内容的体系。教材分为低、中、高年级册，分别由三位音乐老师主编。因为手头没有现成的材料，更没有网上能找到的现成的图谱，最初老师们就找一些八开的纸，在纸上写文字、描图案、抄剧本，同时又发动了美术老师帮着设计版面、勾勒图案。通过三个多月的努力，几易其稿，厚厚的三沓手稿完成了。

对于初稿，我们没有急于印刷，先由音乐老师根据编写的教材到每个班级教学试用，在教学过程中发现问题，我们及时修改教材。

很快，音乐老师在教学中发现了一些问题，仅仅编写出教材是不行的，没有相关的配套资料（即参考资料及音像资料），老师进行戏曲教学是极不方便的。于是我们又进行了第二轮编写，把手头的资料汇编，整理出一本柳腔参考资料。我们到剧团，找出教学需要的音乐和戏曲片段，对于确实没找到的音像资料再由剧团进行录制。经过近半年的努力，一套柳腔教学配套光盘诞生了，这极大地方便了老师的课堂教学，促进了校本课程的实施。在青岛市校本课程评选中"即墨柳腔"被评为精品课程。

在"即墨柳腔"校本课程的开发中，老师既是课程的实践者，又是课程的开发者和研究者，这样课程更加适合学生。同时，课程的研发过程促进了老师自身的专业发展，老师的知识得到积累，课程开发能力得到提高，课程实施能力也得到进一步提高。

"即墨最美教师"的诞生

我校薛艳老师生于即墨的西北乡，长于即墨的西北乡，从教

30多年。她致力于戏曲进校园，让即墨柳腔这一宝贵的文化遗产在我校生根、发芽。

2010年起，我校开设柳腔社团，作为一名音乐教师，她义不容辞地承担起柳腔教学的任务，同时也被安排为寄宿班的副班主任。那个时候，她已经是一个高中生的妈妈了。高中三年是冲刺的三年，她的儿子也需要生活上的照顾。但她没有向单位提任何要求，她跟儿子说："家长把孩子送进这个学校，意味着给孩子找了另外一个家，你大了，应该理解妈妈的工作，要学会自己照顾自己。"就这样她把爱给了她的学生，给了她钟爱的柳腔教学。她早出晚归，辛勤工作。在带寄宿制学生时，在指导学生学习柳腔时，她无数次被学生喊"妈妈"，无数次收到学生送的没舍得吃的糖果……

她虽然从小喜欢柳腔，但柳腔教学对她来说是不小的挑战。为了上好每一节柳腔课，她多方搜集资料，筛选适合学生表演的内容，到剧团向老师请教，从"走圆场""走台步"到"偏腿""翻身"，一招一式地学，从简单的"南锣"到具有一定唱功的"欢调"，一字一句地模唱。为了使教学更适合学生，她带领老师们改编剧目，并编写柳腔教材。为了编写这套教材，她搜集了大量的材料，无数次请教专业的老师，一遍遍修改草稿，耗费了不知多少个日日夜夜。

为让学生爱上柳腔，她积极打造快乐的柳腔课堂，让每个学生在愉悦中学习传统戏曲。她一次次走进学生的内心，让学生爱上戏曲。2016年1月她所排练的柳腔节目《赵美蓉观灯》被青岛市预选为参加全国第五届中小学生艺术展演开幕式的节目，接到任务后师生很兴奋，因为这是艺术教育成果展示的最高舞台，他们加班加点，力争把最美的姿态展示给全国的观众。可是，在3月初第二次审节目时，由于剧种重复，导演组指出，这个节目面临两个选择：一是弃权，二是改节目。于是，他们决定改节目。接下来的几个月里，薛艳和柳腔剧团的老师不停研究、创编、排练，在几个月中，为了不耽误课，她便上午上课，下午排练，周课时达到27节，工作的辛苦可想而知。有的同事不理解，问她："你职称也评上了，50岁的人了，这么辛苦，图个啥？"她欣然一笑，说："我年纪大了，但愿我的努力能成就孩子们的未来。"

2016年4月，在她的带领下，学生们把柳腔通过第五届中小学生艺术展演的舞台展示在全国观众面前。

"殚精讲坛传非遗，呕心梨园润童心"，薛艳老师先后两次被评为即墨区优秀教师，多次被评为即墨区教育和体育系统三八红旗手，她还被评为区教学能手、区艺术教育先进个人，获得区优质课一等奖。2017年，即墨电视台党建频道《榜样》栏目对她进行了专题报道，2018年，她被评为"即墨最美教师"。

"柳腔进校园"的一点一滴都凝聚着薛艳等一大批老师的大量心血，正是因为他们对柳腔、对教育事业充满热情，柳腔在我校乃至即墨得到蓬勃发展。

戏迷

"柳腔进校园"活动，不仅培养了一批热爱传统文化、热爱柳腔的孩子，还通过孩子带动了一个个家庭，爸爸、妈妈、爷爷、奶奶纷纷来到学校，来到剧场，观看柳腔，感受它的无穷魅力。

风靡我校及墨城的"司马光"

在柳腔课程中打造适合学生的作品，一直是我们的追求。音乐中有很多作品是"移植"的，能不能在姊妹戏曲中"移植"呢？抱着试试看的想法，我们从网上搜集了大量的作品，一次突然看到河南豫剧改编的《司马光砸缸》，这出戏既诙谐幽默，又富有教育意义，能不能把这个作品改编成柳腔呢？这个想法得到了薛艳等老师的一致赞同，于是我们又找到柳腔剧团，马上进行了重新作曲、改编唱腔等工作。

在改编过程中，道具缸也成了一大焦点，因为最初缸是完好的，"司马光的小伙伴"要"掉"到缸里，最后"司马光"又要"砸破缸"。缸要有洞，又要携带方便，便成为此次活动的难题之一。通过商量，我们灵机一动，何不就此结合美术课程，让学生都参与其中？于是，在美术课上，美术老师便布置了这样一个手工题目：做一个缸，一开始应该是一个完整的缸，"司马光"砸的时候缸要破，"司马光的小伙伴"要能从缸里面爬出来。全校学生都发挥智慧，进行了缸的创作，各种方案纷纷出炉：有用纸壳拼的，有用真缸砸一个洞改的，有用木头钉的……最后我们选取了一个方案，根据鸟笼子的样子，用竹子按照缸的形状扎好骨架，再把周围用油画布围进来，通过美术课让学生把布画成缸的颜色。在前后各挖一个洞，扮演掉进水缸的孩子的小演员从后面的洞钻进去，把前面的洞用纸壳做的福字挡住。"司马光"砸缸时顺势推开福字，破洞便露出，"落水的孩子"便可以从里面出来。此次活动将柳腔道具的制作很好地融入美术课程中，让学生充分发挥了想象力和手工制作能力，同时也激发了学生对柳腔的兴趣。

最后演出大获成功。《司马光砸缸》参加了当年青岛市戏剧节闭幕式，并参加了青岛市中小学生艺术节展演和比赛活动，获得青岛市中小学生艺术节展演和比赛活动一等奖、山东省中小学生艺术展演活动一等奖等。在我校甚至全即墨掀起了《司马光砸缸》的热潮，兄弟学校纷纷效仿演出。在我校的校园剧比赛中，每个班级都表演这出戏，"司马光"也成了聪明、勇敢的学生的代名词。

小"赵美蓉"

我校有一位老师的孩子叫曾扬，从戏曲进校园起，她便在柳腔社团中表演，久而久之，每天回家便会随口唱上几句。她的爷爷、奶奶，本来也会哼唱几句地方戏，一来二去，有事没事，他们在客厅里举行小型戏曲演唱会便成了家常便饭。

有一段时间学校里排演《赵美蓉观灯》，曾扬便经常在学校及家里演唱。一次放学回家，她敲门，奶奶问"谁"，曾扬随口便哼唱着第一句戏词"赵——美——蓉"，奶奶开门便接了下句"进——灯——棚"，曾扬小碎步来到客厅中央来了一个亮相，又接了下一句"丁字步，站当中，杨柳腰把身挺，素白小扇遮着面容"，当场全家一片掌声！柳腔的学习，不仅带动了学生参与，也带动了一大批家长参与。用张成林团长的一句话就是："你们学校柳腔的学习是一个学生带动至少八名家长，你们的工作让柳腔后继有人。"

转发5000余次的邀请函

2017年底，由即墨区教育和体育局主办，我校在区文化中心举办了一场"梨园润童心"戏曲进校园专场汇报演出，市、区领导以及我校学生、教师近千人参加了此次活动，引起了社会的轰动。当时就有人提议，你们既然做得这么好，为什么不进一步走出校园让学生得到实践、让社会一同参与呢？

即墨古城承载着即墨人的乡土情怀，游客众多，而且古城戏台与柳腔相得益彰。于是负责艺术的黄卫星老师便积极联系、沟通，让我们到古城戏台举行一场汇报演出。这场演出因为是在露天场地举行，考虑到观众、演员不多，我们把演出安排在周末，但是因为有活动冲突，最后演出被安排在周四晚上。

节目是没有问题的，但是如果现场观众稀稀落落，这次活动也就逊色不少。于是我们制作了邀请函，将活动的内容及学生过去一些活动的图片及小视频编辑其中，向学生家长转发。谁知取得了意想不到的效果，学校共有1500余名家长，结果最后转发近5000次，当天晚上现场座无虚席，大批观众是站着看完了演出的。据不完全统计，当晚观看演出的人员达2000多人，这里面除了学生及父母外，还有学生的爷爷、奶奶、其他亲朋好友以及社会上喜欢柳腔的中老年人。这一场活动，不但让学生得到实践及锻炼的机会，而且在社会上对即墨柳腔起了很大的推动作用。我校的柳腔也在社会上进一步唱响。

戏得

从社团活动到课程的开发实施

我校创建于1999年，随着即墨城市向西南部和东部布局发展，我校所处的位置越来越偏，已经属于城乡接合部了。学生主要来源于村庄、外来务工人员家庭，生活状态决定了家长对孩子的教育相对不足，学生综合素质不高。多名优秀教师调离本校，老师们的自信心开始不足，工作干劲开始降低，学校整体水平开始下降。

怎么办？如何让师生建立自信、提升自我？如何给学校发展注入新的动力？如何实现学校特色发展？我一直在思考，寻找学校发展的突破点。

2012年10月，在即墨市中小学生艺术节比赛中，我校柳腔社团的表演唱《办年货》获得戏曲类比赛一等奖。

我眼前豁然一亮：戏曲是人类美好情感的生动凝聚，即墨柳腔被誉为"胶东之花"，最易拨动人的心弦，让人产生深刻的共鸣。

我组织学校班子成员、骨干教师多次讨论交流，我们认为：我校柳腔社团做得比较好，在即墨小有名气，在即墨、青岛市相关比赛中都获了奖。但柳腔不能仅限于社团活动，只让少数学生参与，应让更多学生参与。于是我们决定开发柳腔校本课程，让柳腔走进课堂，走进每一个学生心中。

在课程开发过程中，我们深入研究，探索课程实施的路径。

我校确立的柳腔校本课程的开发实施目标是让柳腔润泽学生心灵，不是把学生培养成专业演员，而是通过柳腔知识和表演技能的学习，提高学生的道德品质、文化素养、团结协作能力、创新实践能力等，让学生在参与中陶冶性情、体验成功、发掘潜力，变得有气质、有活力、有内涵，促进学生全面发展。学校制定柳腔课程发展规划，使其切实融入学校教育教学工作当中。

学校积极向即墨区教育和体育局、文广新局领导汇报我校柳腔的实施情况，相关领导多次到校调研，提出了许多针对性的意见和要求。2015年即墨柳腔剧团在我校成立了柳腔少儿培训基地，为双方合作提供了保障，极大地促进了柳腔教育在校园的普及与发展。在柳腔课程建设上，我们建立"请进来、走出去"的师资队伍建设机制，定期聘请青岛市歌舞剧院、青岛当代艺术研究院的戏曲专家及即墨柳腔剧团国家级柳腔传承人袁玲等专业人员到校上课，传经送宝；我校每周安排教师到剧团学习，提高业务水平。

根据柳腔特点和学生实际情况，我们确立了一课一戏、一课一练的教材模式。在内容上，低年级学生主要学习戏曲的基本知识，认识柳腔，了解柳腔；中年级学生以柳腔基本语言及唱腔的学习为主，模仿柳腔，会唱柳腔；高年级学生学习柳腔经典片段及剧目编排。我校以柳腔学习为纽带，加强各学科的融合，每学科每学期都有柳腔学习的课时和内容。美术课有化妆、绘制脸谱、设计服饰内容；语文课有柳腔台词念白，柳腔故事情节、人物特点、思想品质的总结归纳等内容；体育课有柳腔的一些武打表演动作等内容；道德与法制课有一些有教育意义的柳腔剧的故事等内容。同时学校努力创造机会，让学生走出课堂，走出校园，积极锻炼、实践。学校定期组织学生走进剧团观看演出，与剧团演职员交流，了解柳腔背后的故事；定期组织学生走进敬老院、走进社区挖掘柳腔素材，编写柳腔剧本。我们充分把握继承与创新的关系，将柳腔与学生喜欢的文学、音乐、舞蹈、武术等紧密融合，重新编排了《林教头风雪山神庙》《司马光砸缸》等作品，改编了《夸夸我校我的家》《喜看即墨新气象》《逛古城》等贴近学生生活实际的新作品。我校每学期还组织开展考核达标活动，评选、表彰优秀学生，授予学校"戏曲小达人"荣誉称号，并颁发喜报及证书。我校每年举办校园戏曲节，通过柳腔汇报展示、名家名段赏析、戏曲知识竞答等形式，激发学生"学柳腔、爱柳腔"的热情。

课程的实施取得了非常好的效果，课程为每名学生提供了发展特长、展示自我的舞台，学生体验了成功，增强了自信。近五年来，学生参加了近百场汇报演出和比赛活动。

2016年4月，我校柳腔节目《花灯记》参加了第五届全国中小学生艺术展演开幕式。2016年4月，柳腔表演唱节目《新观灯》参加中国大学生微电影大赛颁奖典礼。2016年11月，《林教头风雪山神庙》荣获青岛市戏剧比赛二等奖，并代表青岛市参加山东省戏剧比赛。2017年6月，在青岛市第二届中小学生"学国学、诵经典、传美德"竞赛和展演活动中《柳腔古诗表演唱》获一等奖。2018年1月，柳腔表演唱《读唐诗》参加中国教育电视台举办的"家国迎新——第二届国学春晚"。2018年10月学校研发的"即墨柳腔"被评为青岛市精品课程。2019年1月，在山东省第六届中小学生艺术展演活动中校园剧《司马光砸缸》获省一等奖。2019年7月，《新墙头记》获第23届"中国少儿戏曲小梅花荟萃"金奖。2019年我校被评为全国优秀传统文化传承学校。

通过柳腔进校园、进课堂，我校的社会知名度和美誉度不断提高，教师存在感增加，自信心增强，学校整体工作不断提升。

走好柳腔特色育人之路

柳腔中很多经典剧目蕴含很高的教育价值，如《状元与乞丐》，被断定为"乞丐命"的孩子的母亲不信天命，在逆境中教子成材，而被断定为"状元命"的孩子的父母迷信天命，纵子无度，致使儿子误入歧途。《牛》是首部柳腔戏曲电影，是根据我市道德模范人物杨建哲的事迹创作而成的。

我校挖掘柳腔课程的教育价值，让学生通过柳腔校本课程的学习不断成长，通过学生全员参与排演柳腔的经典剧目提高育人水平，不断做大、做强我校柳腔特色育人品牌，努力走出柳腔特色育人之路，努力办出一所有品位、有"戏"的学校！

柳腔特色课程带动其他课程扎实开展

"童心绘柳腔"课程的诞生

在美术课本中，有戏曲的部分，如画脸谱。每次演出都需要美术教师参与化妆并制作道具。我们脑洞大开，把柳腔校本课程扩展到美术课和其他课程。于是，我们召集美术教师，共同研究戏曲中与美术教学相融合的部分，确立了"童心绘柳腔"的主题，把戏曲中的脸谱与美术课上的绘画、蛋壳制作、面具制作相结合，把戏曲中的化妆与美术课上的化妆、审美相结合，把戏曲中的布景、道具制作与美术课中的欣赏、手工相结合。于是，不到半年，"童心绘柳腔"美术校本课程诞生了。

"音希演说艺术""我爱武术"等课程的诞生

受到"柳腔润童心"课程开发实施的启示，我校组织专家、教师团队相继开发了"音希演说艺术""我爱武术"校本课程。"音希演说艺术"校本课程开发骨干教师潘科成热爱演说艺术，全国各地只要有演说类比赛或培训，他总是想方设法参加，个人多次获奖。他是即墨区教育和体育局"即墨教育"微信公众号"有声朗读"版块的常客，听他的朗读简直是一种享受！学校领导班子受到"柳腔润童心"课程开发的启示，组织以他为骨干成员的校本课程开发实施团队，"音希演说艺术"校本课程顺利诞生。潘老师为学习"音希演说艺术"校本课程的学生起名为"音希社演说家"。他指导的学生参加即墨区、青岛市的演说比赛，常常获得一等奖或第一名。别的学校的老师开玩笑说："只要潘老师辅导的学生参赛，我们就与第一名无缘了。"成绩的背后是用心地付出，每次辅导比赛，潘老师都是用秒来计算演说的节奏；为训练学生抗干扰能力，他故意让听众起哄、捣乱；为培养学生的舞台感，有时就让学生站在讲桌上演说。

"我爱武术"课程以我校一名武术专业教师为骨干教师开发。有了"柳腔润童心"课程开发实施的经验，学校领导班子的信心很足，请专家根据我校学生武术现状量身定出武术学习内容。我校武术社团学生参加区武术比赛多次获得团体一等奖。

我校还开发了"丹墨飘香——国画课程""墨法有形——软笔书法课程"等几十门校本课程，受"柳腔润童心"校本课程开发实施的影响，这些课程越来越精彩！

从特色打造到文化引领

学校一旦形成具有自己特色的文化，每一名成员都会从中受到启迪。

柳腔特色的成功打造，得益于我们的一个核心理念，那就是"柳腔润童心"。"润"讲求内化，用熏陶、体验、参与的方式打动人心、润泽心灵。

我校领导班子召开了多轮干部会、教师会，确定了以"润泽心灵，立德树人"为核心理念的"润人教育"学校文化品牌。

该品牌解读为：学生如正在成长的小树，每一个都如此不同，每一个都如此重要！他们需要老师们润泽心灵、立德树人，才能长成枝繁叶茂的参天大树！

我校的老师把"润泽心灵，立德树人"的核心理念运用到日常教育教学中，智慧育人，享受育人的快乐。由此，师生的精神面貌有了改变，师生的精气神进一步提升！

把世界当作课本，还是把课本当作世界？

　　我是青岛市城阳区夏庄街道夏庄小学校长高彩霞。1999年，我成为一名语文教师，从此开始了我在语文学科上的无尽探索：与语文书"促膝交谈"，我爱上了那一篇篇风格迥异的美文；和学生共同沉浸在语言文字的世界里，我羡慕那些只属于孩子的思维和表达。我努力上好每一节课，长期的坚持让我获得了区小学语文新教材教学评比一等奖，多次在区语文教学研讨活动中做阅读专题课堂展示和主题交流，并做了街道语文教研员，从此和语文学科教学有了更亲密的接触。

　　我本以为，那便是一名语文老师全部的"努力"，直到2008年春天，有幸参加了海峡两岸的一次教育教学交流活动，这才意识到语文教学的天地是如此广阔。记得那是个来自我国台湾的老师，她手里拿着一本图画书，我们好奇地听她上课。原来这种课叫作图画书指导课，之前我可从来没听过，更没有上过。课堂上老师和学生们轻轻交谈，讨论故事的情节，看似随意地交流，最后却水到渠成，老师拿捏自如，我不得不佩服老师的功力。再后来，2009年，在窦桂梅老师到城阳的一次学术交流活动上，我近距离地聆听了她的绘本课《我的爸爸叫焦尼》。啊，语文课还可以这样上？点燃学生阅读热情，教会学生阅读和表达，这才是语文课的真谛！我的语文教学观由此产生了重大转变！

不曾想，我成了一名校长

2013年，经竞争上岗、组织安排，我到青岛市城阳区夏庄街道夏庄小学担任校长。

曲水流觞的白沙畔，葱茏恬静的万树园，东与巍巍崂山相邻，时见云蒸霞蔚；北接渺渺水库，常有碧波相迎。依傍于斯，相融于斯，夏庄小学就坐落在这风光旖旎的崂山西麓。学校始创于1916年，迄今已有百余年历史。

曾经，作为城阳区初期的课改基地，学校紧紧抓住课改的机遇，开展各类课堂教学研究，一度进入发展的良好状态。我到学校以后，老师们谈起"辉煌"的过去还是那么意气风发，如数家珍。但是，一讲到目前的状况，老师们充满了无奈。由于城阳区夏庄村的改造，外来务工子女大量流入；骨干教师的调动，教师的缺编，也使学校的师资发生了较大变化。

在全体教工会议上，我提出了"敢为人先，争创一流，再创辉煌"的目标，虽然我信心满满，充满激情，但是没有得到老师们的回应。会后，中层干部说出了老师们的忧虑，这样少的教师，这样复杂的生源，争创一流谈何容易，现在这样的工作节奏，挺好的……

老师们陆续离开了学校，办公室变得空荡荡的，我坐在椅子上一动不动，心潮起伏。

重要的是，激发课改热情

课改是学校之魂。从20世纪90年代一期课改开始，学校始终坚持走课程改革之路。刘珍建、栾荣欣等一批优秀教师就是沿课改之路登上了优秀教师的宝座，学校的精神也在课改中不断彰显。然而该如何唤起教师的课改激情，让教师成为课程的实施者和建设者呢？我思前想后，然后开始了我的行动。

大凡成功者，目标、方法、行动三大要素，缺一不可。在行动面前，目标比行动更重要；在目标面前，方法比目标更重要；在方法面前，行动比方法更重要。

首先我建了学校课程中心，确定了学校课程改革的总策略。课程中心由各学科老师的佼佼者组成，他们有思想、有能力，愿意奉献。在总结学校已有课程建设经验的基础上，我与课程中心共同研究，确定了学校课程改革的总策略：在严格执行国家课程计划的基础上，聚焦课程实施过程中的难点，关注三类课程建设的薄弱点；创新课程建设的机制、载体和途径等，为课改推进做先行者、引路人。

其次，我利用项目引领，确定项目的选择。亲历的过程才最有说服力，要想让老师走近课程，就要用项目引领，让老师在项目研究的过程不断发现、不断前行。

项目选题是吸引老师积极参与的关键。此刻，听图画书指导课的那份冲动再一次涌上我的心头。阅读素养作为国际学生评估项目（PISA）测试的主要内容，是衡量学生学习的重要指标，阅读素养应该从小培养。如何让老师们也认同这一选题呢？如何在共读—共写—静思中形成共同的核心价值体系呢？

长期以来，在各级领导的大力支持和专业引领下，学校在全面落实教育教学各项工作、全面提升学生的综合素养的基础上，始终把教学教研工作作为我们的立校之本。在教学实践中，全校上下已经形成了浓厚的教研氛围。在语文教学方面，在区教研室的具体指导下，我们积极参与、探索、落实"新单元整合"教学研究，为统编教材的实施打下了良好的基础。统编教材的使用，带来教育理念、教学模式的转变，为小学语文课堂教学改革，尤其是课内阅读教学的发展拓宽了道路。我们全体语文老师认真学习、领会语文教学改革的指导思想，研究新教材编写体例，探索新教材的教学流程和课型建设。在统编教材的研究与教学实践中，我们一直在路上不断地探索。我们得到了一些全新的认知，同时也遇到了不少的困惑。

例如，我们的教学一直达不到预期的效果，学生的阅读、写作能力也得不到更大幅度的提高，语文综合能力的提升也不是十分明显，学生的人文素养也没有长足的发展。

那么，问题到底出在哪儿呢？我带领老师们积极探索。

万事万物都有"根"，根是事物的决定因素。语文教育的"根"到底是什么？

在寻找答案的过程，我们达成共识，其实，不少专家学者的教育经典论述对此早有明确阐述。

著名教育家苏霍姆林斯基说过，"应该让孩子生活在书籍的世界里"。北大资深教授钱理群认为，"学好语文有很多要素，但最核心、最根本的方式就是阅读"。温儒敏教授说，"阅读最接近教育的本质，是语文教育的灵魂，是语文教育之本"。有句古语，叫"山定泉，树定根，人定心"。可以肯定地说，阅读之于语文教育，就如同树根之于枝叶，源泉之于河流，基础之于大厦，血脉之于躯体，灵魂之于生命。

如何抓住语文教育中阅读的"根"？拓展阅读课如何上？老师们开始思考，开始产生实践的愿望。一项研究由此展开，犹如在平静的湖面上丢下了一颗石子儿，激起了阵阵涟漪。

最根本的是抓住课内阅读"基本元"

在课程改革逐步深化的过程中，课程建设多元化是个很响亮的名词。就语文而言，我们认为，多元的语文课程内容中，国家的语文教材应该处于核心的"基本元"地位。老师用好语文教材中的阅读因素，引导学生在课内阅读中习得阅读方法，是语文教育的首要任务。小学六年，120多个课时，12本语文教科书，近300篇课文，如果我们不能让学生从中习得阅读的方法，发现阅读的规律，增长学生的阅读能力，对语文教学而言，实在会是一件让人感到悲哀的事。应当肯定地说，课内阅读教学是小学生阅读成长的重要阶梯和主要渠道，而统编语文教材变"教材"为"学材"的改革思路也为语文阅读教学改革指出了方向。

认识决定行动。我想我必须在老师们心中点燃一团火，让他们也对阅读的重要性有充分的认识，只有这样他们才能不畏艰难，跟我一起攻克难题。于是，我请来青岛市教科院小学语文教研员崔志钢老师、青岛市小作家协会张吉宙主席为全校老师讲课。张吉宙老师讲述了《青草湾》的故事。做儿童文学的点灯人，是张老师一生的追求，也是他对我们每一位小学老师的希望。崔志钢老师则给了老师们关于语文课内阅读的专业的启发，抓住课内阅读"基本元"，让学生习得基本的阅读方法。两位专家娓娓道来，我看到老师们眼中闪动着光芒，那久违的激情被点燃了！

工作的开展顺畅了许多，学校紧紧抓住课内阅读这个"基本元"，强化专项教研，确保课内阅读教学的科学运作。学校以教科研活动为抓手，积极改进语文学科常规教学内容及模式，以课程标准为依据，以课内阅读为核心，深化教材使用与相关学习资源研究，进一步落实教材整合、单元教学等专项教研。

学校以"相约星期三"四维深度合研为载体，聚焦课堂、聚焦教学。我们坚持每周三下午的校本研修活动，做到"定时、定点、定题、定员"，实施"一课多磨，打造精品"活动，通过教材研读、教学设计、微型上课、课堂实践、研磨改进、校际研磨系列过程，形成课堂教学研修的动态模式。在以生为本、以标为纲、以导为方、以学为主的"四为课堂"理念下，展开课堂教学研究：基于课标，把握学习目标；基于学情，确定学习内容；基于素养，进行语言实践；基于思维，展开学习过程。

学校实施"语文工作室"等实验项目建设，形成层级联动。我们的"名师开讲"活动邀请齐鲁名师、岛城名师到学校送课、做讲座，发挥名家名师的示范、引领作用。教师的专业有了长足发展。语文工作室主持人刘珍建老师的"链接阅读教学法"获城阳区优秀教学法；付学彬老师获省"一师一优课"一等奖，执教市语文公开课；青年教师崔晓芹在2019青年教师基本功比赛中获得一等奖，作为城阳区青年教师读书班成员多次到外校进行阅读推广。

教科书是不是"书"？

学校拓展课外阅读，不让课本成为学生阅读的整个世界。

这里我们首先要探讨一个关于阅读的问题：教科书是不是"书"？

有老师问：我们的学生一天到晚手不释卷地在读，语文教育的"根"不是扎得很深吗？难道教科书不是"书"吗？

教科书是不是"书"？这是个亟待解决的问题。理清两者关系，在当下有着非同寻常的意义。我找出了关于这个问题的许多论证和老师们一起学习。

教科书是什么？用叶圣陶的话来说，"语文教材无非是例子"，也就是说，教科书只是教师在教学活动中用来指导读写的范本。

而古往今来人们所推崇的"书"，则是指那些可以"开茅塞、除鄙见、得新知、增学问、广见识、养心灵"（林语堂语）的书。这些"书"和教科书不完全是一个概念。国学大师林语堂就曾明言："教科书并不是真正的书。"朱永新先生也说过几乎完全相同的话："教科书并不是真正意义上的书。"

关于"教科书不是书"，我们从《义务教育语文课程标准》中也能找到佐证："要重视培养学生广泛的阅读兴趣，扩大阅读面，增加阅读量，提高阅读品位，提倡少做题，多读书，好读书，读好书，读整本的书。"由《义务教育语文课程标准》强调要读教科书以外的书可知，教科书并不是语文课程的全部，语文并不等于语文课本。所以在语文教育中，必须不断加强课程建设，而其重要途径就是读书。相对于语文教育而言，语文课本充其量只是水滴，课本之外则是浩瀚的海洋。

真正的语文教育必须扩大阅读面，增加阅读量，引导学生读整本的书，把世界当作课本，而不是把课本当作世界。否则，以课本画地为牢去培养人，就如同玻璃杯里栽松树、小水沟中赛龙舟，到头来，至多养养绿萝、放放纸船。

我们的观点越来越明晰。我们认真落实温儒敏教授"课外阅读课内化，课外阅读课程化"的相关理念，探索"以内促外"的整体推进方式，以内为点、外为面，使课内外阅读有机融合，有效衔接，做到课外阅读内化，切实提高学生阅读的针对性和实效性。

我们秉承 3A 理念（Anywhere，任何地方；Anytime，任何时间；Any subjects，任何学科），打破阅读物理边界限制，体现无处不在的阅读空间。"我想象的天堂将如图书馆一般"，尽管学校很小，但是我们在距离学生最近的教室、走廊转角，用多种方式构建阅读空间。学生的阅览室名为"碧草书屋","映阶碧草自春色，隔叶黄鹂空好音"出自杜甫《蜀相》。"碧草"喻指夏小学子将像碧草一般成长。碧草书屋有清新的风格，充满童趣，成为学生最喜欢的地方。早晨，"日有所诵"唤醒宁静的校园，在一首首的经典中，母语韵律静静流淌。中午，成为沉心静读的美好时光。晚上，阅读作业一直伴随孩子，家长也参与其中，与孩子一起成长。阅读不局限于语文学科，每个学科的老师都是阅读推广人。我们设立了"三基"体系：基于核心素养的"1+x"阅读课程、基于个性发展的阅读活动、基于信息数据的阅读评价。关于"1+x"阅读课程，"1"是基于教材的学习；"x"是指向核心素养的延伸阅读。"1+x"对学生的阅读广度、深度提出前所未有的要求。

基于教材的拓展阅读。在课程中我们新设置一节国学课程、一节亲近母语课程。在学期初，每个年级根据教材单元主题，进行相应的拓展。我们不仅将绘本阅读、群文阅读、整本书阅读纳入日常教学，还将此放入教学节的学术研究中。近三年，学校改革了图书配置方式，为每个年级配置8~16套可以供整班阅读的书籍，每套书籍60本，共计约5760本。学生在阅读课上一学期至少可以共读4本书籍。数学拓展阅读，让学生成为阅读的主体。英语课上，老师用大量生动有趣的分级绘本打破英语学习的枯燥，让英语故事开启学生阅读的另一扇窗。美术课上，老师让学生读绘本、画绘本，而科学课、音乐课，也结合学科特点，进行持续的阅读推广。

基于主题的深入阅读。一个民族的母语是一个民族的灵魂，一个孩子的母语学习界定了他一生的精神格局。小学六年，到底如何改变单篇短章、支离破碎的阅读现状，为一个孩子一生的精神格局打底呢？我们在确定精读、略读课文，优化、整合教材的基础上，用传统文化经典与中外经典作品的两座灯塔，共同照耀学生成长的完整心灵世界。基于主题的海量阅读，成为我们的常态。有关勇气的主题阅读、以三国历史为主题的批注式阅读、以神话为主题的阅读……越来越多的老师在自己喜欢的书籍领域带领学生向阅读的深处前行。

基于时代的多形式阅读。我们引入阅读平台，让学生利用线上、线下的方式进行多形式阅读。校园文化主题阅读、内外结合式主题阅读、外阶梯阅读、单元阅读、亲子阅读、纯净阅读、倾情阅读、自主阅读等活动，拓展了阅读活动的形式；读书沙龙、图书漂流、翰墨书香读写、好书收藏、"读书之星"评选等活动培养了学生的阅读素养。

学生的需求是我们的课程行动力

语言文字是人类文明和进步的标志，是人类认识和改造世界的工具。从这个意义上说，语文学科是知识传承的桥梁，是各种学习的基石，而阅读则是学习语文最好的方法。综合国力的竞争，实质就是人才的竞争，近年来世界各国都认识到阅读对于人才成长的作用，教育改革将强化阅读意识、提高阅读能力作为重点，为全面育人提供了保障。阅读是获取原料、生产思想、完成生命建构的过程。阅读，可以使学生开阔视野、增长见识；阅读，可以使学生拓展思维、充实思想；阅读，可以使学生涵养性情、提升修养。小学阶段是人生发展的奠基时期，也是阅读能力培养的关键时期，让小学生热爱阅读，学会阅读，掌握阅读方法，养成阅读习惯，提高阅读效率，在广泛的阅读中汲取传统与外来精神文化的营养，也就积蓄了持续发展的后劲，为小学生的身心全面、和谐发展，提高核心竞争力储备了力量。而要促进学生阅读的持续发展，培养良好的阅读兴趣和习惯，需要一个漫长的过程。

为此，我们首先从学生的阅读需求出发，全面规划学校图书采购工作。在给学生推荐读物时，我们以文学为主，兼顾其他方面的书籍。文学之外，我们有意识地从传统文化精华、历史、哲学、科技、经济、社会学、军事、心理学等方面，推荐适合小学生阅读的各类作品，这样，每位学生都能找到适合自己的阅读发展方向，主动地、有兴趣地阅读。我们让学生读书，并非为培养作家，而是让学生增加人文积淀，提升语文综合能力，进而获得全面、均衡的发展。推荐读物之所以以经典名著为主，是因为经典是时代、民族文化的结晶。但我们在给学生推荐读物时，既首先考虑经典名著，又不限于经典名著，同时兼顾其他优秀作品，因为还要考虑到阅读兴趣的因素，读书活动能否开展起来，兴趣是第一位的。《第56号教室的奇迹》的作者、获得"全美最佳教师"称号的雷夫就说过："培养读书兴趣要有一个漫长的过程，在给学生选择读物时要充分考虑到学生的年龄、接受程度、兴趣特点等因素。"

低年级学生读绘本、童话，中年级学生读童话、神话及故事性较强的作品，高年级学生读名著……待产生强烈的兴趣后，学生就会一步步走向阅读的深处。

推荐阅读，我们的做法是先让学生通过课内的导读喜欢上一本书，然后让学生径直走进去，在一个完整而丰富的语境中，自主地读，无拘无束地读，轻轻松松地读，充分沉浸在书中，和作者、书中的人物同喜悲、共忧乐，尽享读书的快乐。这样坚持下来，兴趣就会自然产生。兴趣一旦形成，学生的读书爆发力就会产生，他们的理解能力、领悟能力、读写能力都会提高。走进学校，你会发现一道美丽的风景：无论课间还是午休时，在楼道或操场，总有三五成群的学生抱着一本书在专注地读或在热烈地议论，一本刚读完，就追着老师去推荐下一本……

阅读能改变一个人的气质，也会慢慢改变一所学校的气质。教师阅读，让一朵云推动另一朵云。教师共读、教师荐书、项目共读，多种形式掀起教师阅读的高潮。从2013年起，老师们每月读一本书，千万字的阅读量丰富了老师们的人生，百万字的感言无声见证着老师们的内心逐渐丰盈。此外，在教师泛读的基础上，我们还组建基于知识构建的E团队、基于STEAM课程搭建起来的S团队、基于脑科学课程搭建起来的N团队，以项目式学习的方式共读，阅读向更深处漫溯。

爱阅读的家长，是孩子最好的榜样。我们成立了"竹下读吧"家长群，线上每周一次语音沙龙，线下每学期两次交流，引领家长开展亲子阅读。仅在最近两年，家长阅读讲坛已开展十余场讲座，从阅读氛围打造、亲子阅读经验分享、旅行与阅读等方面，传递阅读秘诀。从2017年开始，学校微信公众号开辟家长荐书专栏，家长荐书与亲子共读征文交替发布，与学生荐书、教师荐书相互呼应。

做，就对了

读是观察、积累，写是反思、记录，读与写是记录自己的思想、促进自己思想成熟的有效方法。我们从读写开始，以共读—共写—静思为基本形式开展了多种类型读写活动。

以阅读带动写作，以写作深化阅读，这是我们一直坚持的做法。每周一篇读书笔记，学生想写什么就写什么，想怎样写就怎样写，长短不限，内容不限，写法不限，只让真情实感从心底流出。随后，老师从学生的读书笔记中发现亮点，选出范文，在讲评中真诚赞美，热情鼓励，顺便做一点读写指导。最初，有的学生只能写几十字，坚持一段时间，从几十字写到几百字，再到后来一两千字也一挥而就。

我们指导学生撰写随笔的方法，提升学生写作能力。结合课堂教学，我们开展了系列随想之笔写作指导活动，让学生真正写之有道，行之有法。我们先后进行了景物描写、人物描写、细节描写等随笔专题训练。我们邀请齐鲁名师、省特级教师商德远到学校开展工作诊断，对学生进行实地指导。

我们有序地开展"作家进校园"活动，播散文学的种子。通过学生与作家面对面交流的方式，陶冶学生的文学情操，提高学生的人文素养。我们先后邀请了省作家协会会员、岛城著名诗人秋窗，青岛晚报小记者团主编"兰君姐姐"，《齐鲁少年报》编辑纪晶，作家王宜振老师、张吉宙老师、翌平老师，为学生进行写作专题培训。

我们注意丰富学生的生活体验。我们的活动异彩纷呈，开学季、毕业季、十岁礼已成为我校校园重要的节日；英语节、文化节、读书节逐年呈现出不同的风采；小记者拓展活动成为我校一道亮丽的风景线，"丈量最美青岛——小记者大搜城"、参观青岛日报社、"走近诺贝尔奖获得者——莫言"等活动，打开了学生的视野，丰富了学生的生活体验。

我们还开展多样化的作品展示活动。我们每年组织一届诗文诵读比赛，学生倾情演绎《春晓》《木兰辞》《离骚》等经典诗歌，或低沉婉转，或清丽婉约，诗意充满校园。我们还定期组织联合校学子以文会友——"联合杯"现场作文比赛，曾经，3000余名学生参与现场作文，百余名教师参与现场评阅。每年读书节期间，我们还会开展"爱上朗诵——夏小最美童音""快乐写日记""我是小作家"等展示活动。我们每学期编辑学生日记、随笔集各一册，目前，已编辑教师文集10余册，编辑学生文集30

余册，如文学社的《小荷尖尖》《童心飞扬》《夏园诗抄》等。这些举措让学校慢慢形成一种文化场，校园里充满了灵性，师生内心变得丰富、宁静。

攻坚克难，创建课程资源

随着项目推进，我发现教师希望参与儿童阅读专业培训的愿望越来越强烈，于是，学校选送骨干教师参与青岛市儿童文学基地关于儿童阅读推进活动的培训，聆听来自上海、北京等地区的专家报告。通过学习，他们打开了视野，获得了不少启发。学校还购买了《教给孩子阅读方法》等书籍，组织全体语文教师学习，提高教师的鉴赏能力和指导能力。

没有书，我们一起到书城找书、看书，结合学校的育人目标选书、编书目；没有大纲，我们学习语文课程标准，一条一条写；没有参考书，我们人人参与，分工合作，编写"三导"教学手册；没有课堂模式，我们自己摸索，自创了阅读活动的四种课型……就这样，思路被一点点打开，从无到有，从有到精，阅读活动课程的资源越来越丰富："图书漂流活动""我与作家面对面""亲子阅读DV大赛""阅读课本剧表演"等一系列阅读成果分享活动受到师生们的欢迎。"小学生阅读活动评价手册"不仅记录了学生平时的阅读体验，还反映出学生一学期的阅读成效；"班级图书交换站""图书漂流活动""精心阅读20分"使校园充满宁静与书香……老师们成了阅读活动课程的建设者，在实践中不断完善，在完善中不断收获，在收获中不断成长。我想，"敢为天下先"就是课改精神，就是我校作为一所语文课题实验校的学校文化之精髓。

在不断探索的过程中，我和老师们不断提炼经验，在项目专家指导下，经过反复修改，老师们形成了自己的教育理论。

我校学生在城阳区小学生经典诗文诵读比赛中多次获一等奖。我校学生的作品多次在《中国儿童报》《齐鲁少年报》《半岛都市报》刊登；每年学生有数百人次在各级各类作文比赛中获奖。我们仿佛听见了花开的声音。这就是阅读带给我们的改变。我们遵循先博后约、先浅后深、先外后内的步骤，通过简易的、持久的积累，实现由量到质的转变，学校教育教学质量整体提高，学校的执行力、形象力和文化力不断提升。

阅读是一种力量，是一种蓬勃发展、向上成长的力量。

朱永新先生说，如果我们的孩子在十多年的教育历程中，还没有养成阅读的兴趣和习惯，一旦他们离开校园就将书永远地丢弃在一边，教育一定是失败的；相反，一个孩子在学校的成绩普普通通，但是对阅读产生了浓厚的兴趣，养成了终身学习和阅读的习惯，一定比单纯追求考高分的孩子走得更远。

抓住语文教育的"根"，把语文课程构建的着力点放在阅读这个根本点之上，大力研究课内外语文阅读教学的结合，促进学生阅读的持续发展，是我们课程研究的永恒话题。在这条路上，还有很多课题需要探索，还有很多工作需要更扎实地开展。我们坚信，只要我们用心并且持之以恒，我们语文教育的希望之路会更长远、更广阔！

结语

校长的课程领导是带领老师们认识课程、实施课程的过程，是和老师们共同学习、共同探索、共同实践、共同收获的过程。校长的理想必须得到老师们认同并且化为具体的行动，才会变成现实。

聆听花开的声音

每个孩子都是一朵花，或含苞，或绽放，或艳丽，或淡雅……

走近花的身旁，倾听花的心语，你会发现，每一朵花都有自己独特的色彩，都是这个世界上独一无二的生命。而每一朵花的绽放都需要阳光的抚爱、雨露的滋养、土壤的包容和园丁的照料。所以，让我们用爱心和耐心欣赏花的千姿百态，聆听花的对白，静待每一朵花的盛开。

追梦

我是青岛长阳路小学校长戴茜。我认为人总要有点精神追求，人总要有点境界和胸怀。作为一名教育工作者，我想到：今天，我们是什么样，未来，我们的学生就是什么样。带着这份责任，我又开始思考：我们要给学生怎样的教育？六年后将从我们这里走出什么样的学生呢？虽然我们的学生大部分是外来务工人员的子女，他们没有优越的家庭生活条件，没有开阔的学习视野，但他们质朴、善良，有责任心，懂得感恩，澄澈的双眸中充满成长的期待……

带着这份成长的期待，我陷入了沉思：假如一个学生从来没有悉心读过一本令他激动不已的读物，从来没有冥思苦想过一个问题，从来没有参加过令他乐此不疲的兴趣活动，从来没有经历过刻骨铭心的实践体验，从来没有对自然界的神奇和变化莫测产生过深深的好奇……我们又何谈教育的理想与责任。因此，为了这份责任，我们真的需要正视问题，追求突破。

范·梅南曾说："课程对儿童来说是最美好、正确、合适的内容。"是啊，这句话真的令我茅塞顿开，只有从儿童出发，在儿童自由和自发的活动中帮助他们获得发展，才能促使他们体验成长的快乐。那么，何不一切回到原点？原点就是课程。只有以课程建设为突破口，才能让每个学生都如花般精彩绽放，只有在科学的、适合学生发展的课程体系中，才能推进特色现代教育制度的建设。当然，这个过程将伴随困惑与艰辛，可能成功，也可能失败。但是我们既然要坚守教育理想，那就让我们手捧一颗赤子之心，以课程建设为突破口，努力追寻，为了让学生享受优质教育而再次出发……

逐梦

"校长，我也能走上舞台，站到那块红毯上吗？""校长，原来电脑是这样的呀！""校长，我能把家里的小金鱼带到班里吗？"……这些都是我工作中遇到的"问题学生"。可是，就是这些学生的小想法、小要求，引发了我的深入思考。因为，近些年随着经济的快速发展，学校新市民子女的数量急剧上升，已占全校学生比例的83%。这些学生大多没有优越的家庭生活条件，没有开阔的学习视野，不够自信，不够阳光，城市归属感也不强。如何使来自五湖四海的学生尽快融入城市生活，经历一种由表及里的成长而变得充满阳光，更自信，更快乐？如何使我校充满吸引力，有自己的特色？为此，结合我校实际，我与全体教师经过几轮反反复复的讨论，最终提出了从关注每个学生生命发展角度出发，确立了"让每个孩子都如花般精彩绽放"的办学理念，也在此基础上提炼出了"童年如花"特色文化品牌。同时，我校以课程建设为引领，建立起了以"尊重生命、尊重规律、尊重差异、尊重发展"为核心的教育思想体系，并逐渐形成了"花儿课程""花儿课堂""花儿社团"等特色文化建设"路线图"。

助梦

"亲爱的小馋猫们，今天中午你们一定很兴奋、很开心吧？或是说，你们已经从早上一踏入校门就开始期待美餐了吧？或是说，很多同学在昨天晚上就憧憬如何在'美食战场'大显身手，当一个名副其实的小小美食家了吧？……"这些生动的语言来自我写给四年级一班学生的一封信。信中提到的美食其实就是学校"花儿朵朵开"课程中的一门。为了将"让每个孩子都如花般精彩绽放"的办学理念"软着陆"，围绕"感恩""美德""责任""创新""多元""自主""快乐"等元素，我与教师们反复研讨，最终确定了有利于学生发展的四大基本素养，即公民素养、语言素养、科学素养和艺体素养，并以此为导向，构建了"花儿朵朵开"课程体系。

"如花理念"，滋润心田

课程文化是学校文化的核心，其表现出来的课程特色是学校文化的一种显性表征，课程文化主导着学校文化的方向。课程的总体规划和设计不仅体现着学校课程决策的方向和实践模式，更是课程文化内涵渗透的重要载体。因此，经过深入调查和思考，我们发现唯有从学生发展角度出发，尊重差异，尊重发展，更多地关注过程，才能激发他们的兴趣。于是，在课程文化建设过程中，我提出突出教育特色、遵循学生的成长规律、尊重学生的个性差异、满足学生成长的个性需求的构建总思路，在实施过程中注重将国家课程和校本课程进行有效整合，搭建起富有特色的"花儿课程体系"。同时，在各方专家的引领下，我校还着手编制了《特色文化建设策划书》。为了彰显学校特有的办学思想，在全体师生的集体参与中，我校文化标志"花开朵朵"也诞生了。生动如花的形象诠释着孩子们多彩、快乐的童年。

"花儿课程"，如沐春风

在"花儿课程"体系建设中，无论是课程的管理者还是课程的实施者，都要以学生为中心，从尊重学生的共性和个性发展需求出发，遵循"做强基础型课程，活化拓展型课程，适度引入探究型课程"的课程原则，将国家课程校本化，建立尊重发展、基于生活素养培养的适合学生发展的课程体系。从公民素养、语言素养、科学素养、艺体素养四大方面出发，将国家课程体系横向分为四个方面，分别对应下列学科：品生、品社、综合实践；语文、英语；数学、科技；音乐、美术、体育。同时纵向从底层到顶层分别是常规课程、学科拓展课程、校本节庆仪式课程、特长探究课程、校本成长实践课程。通过纵横交错，相互融通与渗透，实现对学生四大素养的培养与发展，以此满足学生个性化成长和发展的需要，为学生和谐、全面、多元发展奠定基础。

目前，在课程内容上，我校努力做到课程源于学生生活、融入学生生活，为学生创造难忘的童年。在课程形态上，以开发性实施为抓手，让课程变成学生喜欢的"样子"。我校特别注重课程实施中的"N次开发"，以尊重学生的情感、亲近学生的思维，让课程变得生趣盎然。

我校围绕尊重学生自我教育主题，推行了"花儿朵朵走四方"社会实践课程。目前，我校有5处校级签约社会实践基地、18处班级社会实践基地，并建立了班级社会实践集中活动日制度，有效保障了学生社会实践活动的参与度。同时，为了推动社会实践活动向纵深发展，学校还组建了7个"花儿社团"，即"花儿义工社""花儿亲自然""花儿爱运动""花儿探星空""花儿寻历史""花儿美食团"和"花儿与消防"。社团成立伊始，学生便自发组织了"军营里的娃娃兵""我做建筑设计师""污水处理调研""走进非遗"等社会实践活动20余次。暑假中"花儿义工社"的学生还走进青岛中共地方支部旧址纪念馆做起了义务讲解员。目前各社团总人数占全校学生总数的1/3。

我校围绕尊重学生个体发展主题，策划了"花开四季"校园文化节课程。工作中，我校紧紧围绕社会主义核心价值观，注重把德育活动与重大节日、纪念日、社会热点、主题教育活动等相结合，突出活动的实效性和现实意义，组织了"趣味亲子节""快乐劳动节""幸福感恩节""百花艺术节"等12项校园文化节庆活动，并开展了"魂系中华""粽叶飘香""品读经典，献礼祖国""走进世博园"等小而实的主题教育活动。例如，围绕学雷锋纪念日，我校紧紧抓住这一"知礼守责，助人为乐"的教育契机，组织全体学生开展了"传承雷锋精神，花香使者进社区"的学雷锋纪念宣传周活动。其中，"快乐烘焙坊"的师生带着"快乐酥饼"来到社区的孤寡老人家里，让他们感受到甜蜜与快乐。在师生的带动下，生活服务队的家长们为社区居民免费理发；爱心医疗队的家长为社区老人量血压，讲解健康常识；电器维修队中有特长的家长还免费为社区居民修理小家电……活动的开展，不仅使学生在关爱他人中提升了自己，更重要的是收获了成功与快乐。

我校围绕尊重学生自我成长主题，开发了"花儿成长印记"三大成长课程，即"我骄傲，我是小学生"一年级新生开笔礼、"我骄傲，我是好少年"三年级十岁成童礼、"我骄傲，今天我毕业"六年级毕业谢师礼。这些必修课，颇受家长和学生的欢迎。

目前，结合各类教育教学活动，一大批学生被评为"孝亲花""实践花""红心花""巧手花"。学校还通过"朵朵在线"校内宣传媒介，充分展示"花儿少年"的事迹、照片，并编写了《"十佳花儿少年"故事集》，宣传"花儿少年"的优秀事迹，让学生在学习他人和被他人学习的过程中，得到自身素质的提升。四类课程如花瓣，将学生的成长一瓣瓣绽放开来，演绎出了"花团锦簇"的精彩童年。

"花儿课堂"，沁人心脾

在我看来，最好的教育是适合学生成长的教育，因此学生所需要的就应该成为学校所选择的。那么，学生最喜欢什么呢？是快乐！课堂也不例外。课堂教学是教师、学生与课程资源进行沟通的系统，这个系统的有效性需要建立在国家课程体系和课程内容进行校本化改造的基础上。为此，结合学校师情、生情，工作中我校采取了低起点、小步行的方法，以促进学生全面与个性化发展为目标，以实施以生为本智慧课堂为主线，努力夯实课堂基础，进行了"1+X花儿自主课堂"学习方式的实践与探索，并研制出了《"花儿课堂"实施纲要》。

"1"指以学生自主学习为主线，"X"指各学科、各年级教师根据本学科和本年级特色所开展的个性课堂学习方式，即由教研组组长将每册教材中的教学内容进行详细划分，对难度较大的内容或核心内容，以教为主；对难度较小，学生通过自己学习能够掌握的内容，安排学生自主学习。为了实现学生的自主学习，各年级教师统筹规划，采取了分段、分步推进。同时，在课堂中，我校坚持了"四步走"，即预习定疑、合作探疑、点拨释疑、精练化疑，让教师明确新的课堂教学模式看重的不是教师的表现，而是学生主体性活动，即学生的预习、小组合作、讨论、交流、推理、争辩。另外，我校还积极引导各学科团队教师根据各自不同的课堂需求自主开发了"花儿课堂"观察框架手册和"花儿课堂"观察记录表，并在此基础上形成了"设计—观察—反思—改进"的教研活动跟进链条，使教师的具体操作有抓手，有载体。为了使课堂插上科研的翅膀，我校还注重以小课题研究为依托，指导各教研组围绕"1+X花儿自主课堂"方式的实施，鼓励教师积极参加小课题的研究，通过写感悟、写经历、畅谈教育心得、建立课题记录袋等方式，引导教师做好课题研究的过程性管理，帮助教师尽快实现课堂的转变，带动课堂教学的研究推进。目前，学校共21位教师申报了小课题研究，立项人数占全校教师的43.8%。

在班级内每个学生都是小能人，在运动场上每个学生都是小健将，在蓝天下每个学生都是小画家，在舞台上每个学生都是小演员，在校园里每个学生都是小明星……"花儿课堂"，正诠释着学生的快乐成长，演绎出"花团锦簇"的精彩童年。

筑梦

"校长，我想参加这次'朵朵自主管理集团'的应聘，您能支持我，投我一票吗？""我终于得到'十佳朵朵'的奖章了！""我喜欢上学，因为每天都有新发现。"……看着每个学生快乐成长，看到每位教师精彩绽放，我特别满足。

"花儿少年"，秀出精彩

小学生不但有学习的需求，更有玩的需求，有发展自己兴趣爱好的需求，他们的个性化发展需求多种多样。同时，学生的个性化发展需求存在着巨大的差异性、多样性，应该怎么做才能为每个学生提供适合他们发展的空间和平台呢？带着对以上问题的思考，我校以丰富"花儿少年"健康成长为主线，以课程为载体，注重加强学生养成教育，丰富社会实践内容，强化特色体育项目建设，家校协力，努力使学生成长为自信、自强、乐观、向上的"花儿少年"。

一是自理自立讲规矩。围绕"养成好习惯，形成好品格"养成教育活动主题，学校开展了"文明花靓校园"活动，通过每月一主题，开展人人争戴"规范花"，培养了学生的主人翁意识。如今，学生课间上下楼梯，穿越走廊，能做到自觉靠右行、礼让；见到客人主动行礼、问好；公共场合静悄悄；自己的事情自己做，每节课前学习用品都会被有条不紊地整理到位……文明习惯培养了一个个小绅士、小淑女。学生讲规矩，养习惯，内化于心，外化于行，而这一切终将让每一个学生受益终生。

二是自主管理敢担当。黑板管理员、绿色植物管理员、电子白板管理员、卫生工具管理员、窗帘管理员、电灯管理员、纪律管理员、用眼习惯督促员、眼操管理员……每天踏入校园，一个个自主服务的身影遍布校园的每个角落。每一个班级小岗位，都由学生自主申报，这既培养了学生的动手能力，更提高了服务意识、责任意识和担当意识。在服务本班的同时，高年级的大哥哥、大姐姐也组成"大手志愿团"，主动帮助小弟弟、小妹妹，教他们规矩，帮助他们。在岗位服务中，社会责任、感恩、服务意识悄然间已入心、入脑，转化为学生每天的具体行动。

三是自主选择有思想。如今，在校园里，许多学生敢于表达自己的意见：许多学校课程，要学什么内容，老师、家长不干涉，全凭学生兴趣，由学生自主报名；大队干部竞选，只要学生想参加，可以自己到德育室报名参与竞选，而全校学生根据候选人的现场展示和才艺展示进行自主投票，选出满意的人选；每周一的"展我风采，圆我梦想"展示活动，只要想参与，就可以向班主任报名，只要有实力，便可在全校展示；京剧、架子鼓、行进鼓、足球、乒乓球、空竹、乐高机器人……一个个社团完全由学生自愿报名组成；庆"六一"文艺汇演，200多名学生自由组合，自主报名，自己找老师、家长指导……我校每学期一次的外出实践活动已坚持两年，活动内容由各班学生自主选择，同一时间，不同年级、不同班级内容各不相同。我校为学生搭建了一个又一个学习、锻炼、展示的平台。学生在自由选择、自主参与的过程中，不再盲从，而是有头脑，会思考，懂选择，知珍惜，能表达，善合作，真正成为学校的小主人。

四是自我努力促成长。学校的教室图书角、走廊开放书架、自主图书借阅机的使用为学生提供了大量阅读的便利条件；各种诵读、赏析活动，让学生品味传统文化，融合现代元素；英语大集、各种阶段闯关活动，激发学生努力学习的渴望。节奏课、网球课、游泳课、跆拳道、乒乓球等一系列特色课程，拓宽了学生的视野；儿童绘画、篮球、英语沙龙、烘焙……一堂堂生动有趣的课里，学生尝试着、探索着；京剧、架子鼓、行进鼓、足球、乒乓球、空竹、乐高机器人……一个个学校社团，增强了学生的审美情趣，强健了体魄，培养了特长。

看，绿色天地的郁郁葱葱；闻，点心工坊的阵阵飘香；学Flash动漫设计，做E时代的新人；小小排球练出了健康与从容；小小剪刀剪出了智慧与快乐……在这里，学生有规矩，有头脑，有学识；在这里，他们积极主动，努力好学；在这里，他们懂感恩，知珍惜，敢表达，敢实践；在这里，只要努力，便会体验成功，收获自信。

"如花教师"，感受幸福

我校的"生活素养"课程不仅对应素质教育的基本要求，更直指适应社会生活的合格公民所具备的重要素质。它不仅适用于学生培养，也同样适用于教师素质的提升。"生活素养"课程建设不仅明确了教师的专业化发展定位，还将进一步引导教师在实践中追求卓越。因此，为了提高我校教师专业技能、教育教学水平，调动教师发展的内驱力，我校遵循《小学教师专业标准》所提到的师德为先、学生为本、能力为重、终身学习的理念，重点围绕"做最好的教师"发展目标，指导教师从专业思想、专业知识、专业能力等方面做阶梯式目标规划，认真制定专业发展三年规划，再配合年度发展计划，帮助教师逐步清晰个人专业化发展方向。

一是修身明志，博爱敬业——做文明的我。师德和师爱是教育教学取得成功的有效保证，师爱不仅是师德的重要内容，也是师德的主要表现形式，更是师德之魂。因此，我校围绕"为学生的成长负责，做最好的教师"开展师德教育活动，通过专家引领、沙龙研讨、案例分析、妙招推荐等方式提升师德修养，启发教师用多种策略解决在学生中、家长中出现的问题，强化教师服务意识。

二是勤学善教，睿智创新——做智慧的我。教师的专业知识和业务素养，很大程度上决定着学生的发展。因此，工作中，我校从理念入手，注重加强专业培训，注重同伴互助，注重发挥专业引领，通过深入打造"青莲"读书研修共同体、"小荷"师徒发展合作体、"梅香"学科教研共同体、"耐冬"课题研究共同体、

"铃兰"班主任工作共同体，不断提高教师的专业素养。同时，我校还贴近教师实际需求，围绕不同教育话题，聘请市、区名师定期开设讲坛，或组织教师观看专家的讲座促进教师成长。同时，学校还深入落实干部自主学习"四个一"要求，即每天浏览报刊一小时，每周撰写一篇读书感悟，每月细读一本教育书籍，每学期至少撰写一篇高质量论文，提高干部的理论水平，提高干部自身素质。

三是品位高雅，德艺双馨——做尚美的我。教师的专业发展需要多元路径来实现。无疑，读书，是一种基本而又重要的途径，可目前教师的读书现状却不容乐观。基于此，我校采取"小步、慢走"策略，促使教师从被动读书到主动读书。我校结合实际情况制定读书活动方案，在全体教师中实施"123"分层阅读的要求，即工作10年以内的青年教师，采用规定篇目阅读；工作10~20年的中年教师，采用推荐篇目阅读；工作20年以上的教师，采用自选篇目阅读。学期初教师制订个人读书活动计划。我校组织教师每月阅读一本书，每学期研读一本教育专著，并引领教师积极撰写读书札记。我校每月组织一次教师读书学习成果交流会，通过好书推荐、读书沙龙、读书报告会等形式，为教师提供展示、交流的机会。同时，学校还结合"4.23世界读书日"，开展"花儿读书节"。通过开展亲子阅读、教师读书成果展示会、经典诵读会、专题讲座、读书沙龙、教师读书论坛、好书推介会、走进教育专家博客等活动营造"悦读"氛围。为了及时分享读书之乐，我校鼓励教师记录自己的读书"微感言"，还号召每位教师每周至少在学校微博和微信上发表一篇读书感悟，并将优秀读书成果及时汇编，装订成册。

四是尊重理解，海纳百川——做国际的我。培养具有国际视野的现代中国人是学校的使命之一。我校重在引导师生弘扬民族文化，尊重、吸纳世界各民族优秀文化，争做国际的我。因此，我校在全体教师中间开展每周一次的英语口语和国学培训，尝试用英语来演绎中国的传统文化。不断提升英语口语水平，一方面有利于教师专业化发展，提升课堂教学活力；另一方面有利于教师组织学科活动，通过师生、学生间的口语交流提升学生学英语、用英语的自信。2014年恰逢世园会在青岛举办，我校组织"我的中国梦"英语剧会演，不同年级表演不同主题的英语剧，分别评选出个人和集体的"Super Star"。

五是热爱生活，心康体健——做健康的我。教师若想要做好学生健康成长的指导者和引路人，需自身先懂得热爱生活，乐观向上，保持身心健康。为此，我校结合学生的社会实践活动课程的开发与实施，发动教师走出学校，走进大自然，在活动中愉悦身心。同时我校还认真落实上级主管部门组织的"一季一赛，乐在四季"教职工文体系列活动，通过组织教师"踢毽""健美操培训""心理疏导技巧展示"等丰富多彩的文体活动，为教师提供放松身心的平台，从而以更饱满的热情投入到教育教学工作中。

"花香四溢"，家校合力

学生成长需要学校、社会、家长的多方关注。为进一步做好家校沟通，我校积极融合校内外资源，全面建设"花香同盟"家校课程，努力拉近家校距离。我校通过抓好"一会""二课""三途径"（"一会"即家长委员会，"二课"即亲子课堂和公益课堂，"三途径"即科研途径、沟通途径和活动途径），实现了学校教育与"大气候""小环境"两个层面的互动互促，使家长越来越关注孩子的发展，使家长的教子经验逐步丰富。目前，由我校班主任、家长共同携手编写的家长学校教材已现雏形；校级家长委员会设计的"花儿之家"家校联系报深受家长的欢迎；在三个一星级班级家委会的带动下，各个班级家委会也劲头十足；家长还自发成立了五个"家长安全督察员岗"，近百名家长积极参与，成为首批安全监督员。为了更好地配合学校开展各项活动，68名家长从安全、助学、公益、后勤四方面自发组建了"花香"家长义工团，极大地弥补了校园教育的不足，丰富了学校教育元素，为学生的成长提供了良好的条件。同时，在全体家长的共同参与中，我校成功举办了"亲子淘宝乐悠悠"首届亲子文化节。"亲子运动会""亲子劳动技能大比拼""亲子夏令营""我和爸妈读书乐""我和爸妈换位大体验""我和爸妈来植树"等丰富多彩的亲子共享实践体验活动颇受家长的欢迎，通过走进学校、走近师生，家长更加理解学校、支持学校，形成了家校良性互动。

在全校师生、家长的携手努力下，近年来，我校取得了骄人的成绩：全国语文教师专业化发展工程基地校、山东省优秀家长学校、山东省卫生工作先进单位、青岛市高水平现代化学校、青岛市规范化学校、青岛市优秀家长学校、青岛市文明单位标兵、青岛市精神文明单位、青岛市中小学德育先进单位、青岛市首批语言文字示范学校、青岛市依法治教示范学校、青岛市中小学校标准化食堂、市北区"十佳"师德先进单位、市北区德育先进单位、市北区"平安示范学校"……

花蕾次第绽放，孩子茁壮成长。"童年如花"为学校注入了蓬勃的生机与活力，"花儿朵朵开"课程的实施，正启迪着每一个像花一样的孩子个性绽放。

结语

当前我们正处在多元发展的时代，教育的目的应当是让学生站在更为宽广的发展平台上，完善学生的知识体系，优化其能力构成，提升其人格魅力。课程领导体现了民主、开放、沟通、合作的管理新理念，它所指向的是学校课程品质的提升和学生身心的和谐发展，因此提升校长的课程领导力是时代发展的必然趋势。在课程改革过程中，校长不仅承担着国家课程、地方课程有效实施的责任，还承担着提升课程品质、研发校本课程以及协助教师专业发展的重任。在这种新的教育背景下，校长必须更新自身的课程理念和角色意识，主动从"行政"权威向"专业"权威转变，即校长作为新课程改革的主体，不仅要在学校的日常行政工作中有所作为，还要成为课程团队的建设者和领导者、课程的规划者、课程方案的置顶者。因此，校长不仅应当成为课程领导的学习者和践行者，更应当成为课程建设的引领者和助推人。

让课程成为师生生命成长的园地

——记青岛八大峡小学课程建设

课程是学校育人的载体，课程建设解决的是用什么方式培养人的问题，其质量决定着学校育人的质量。学校无法选择生源，但可以选择学生成才的方式，每个学生都有潜能，只要给予适当的教育，普通的学生也能创造奇迹。为了贯彻"培养真与美的学生"办学目标，学校领导班子为此付出了非常多的心血，在特色课程建设中，可以说我们走出了一条属于自己的成功之路。

海防教育领航突破，育人目标与特色发展高效合一

我是青岛八大峡小学校长邱琳，我热爱我的学校。市南区不乏美的学校，但要说哪所学校最有特色？青岛八大峡小学一定榜上有名。在首届全国学校国防教育典型案例评比中，八大峡小学海洋国防教育案例《圆蓝色海洋强国梦　育振兴中华未来人》被教育部评选为典型案例，向全国推广。我认为，海洋国防教育，就是要让每一个八大峡小学的孩子认识到祖国除了960万平方千米的热土，还拥有300万平方千米的蓝色海洋。

市南区的海洋特色教育，一直是青岛教育的亮点。青岛八大峡小学作为一所1992年建立的年轻学校，如何发展带有自身特点的海洋教育，如何在市南区众多的海洋特色教育学校中脱颖而出，找准自己的定位非常关键。2017年，我调入青岛八大峡小

学，当时市南区的海洋教育体系相当完备，而学校还没有找到自己的海洋教育特色切入点，我感到学校能够选择的方向十分有限，如果一味地模仿别人的课程，不仅很难学到精髓，也难以让师生发展。海洋教育一定要结合本校的特点，只有这样，课程才能真正走进学生的心里。面对这道难题，我与学校的教师团队在学校的环境上找到了突破口。

坐落于团岛湾畔，八大峡海滨风景区以西的青岛八大峡小学，是一所名副其实的海滨花园式学校。凭海临风，从学校南门走十余米，就是防波坝。校门左侧不远处便是中国海监第一支队码头，停靠着从事海上维权执法的中国海警船只；右侧是团岛，有部队驻扎，还有在团岛灯塔指挥下进出胶州湾的轮船；学校北面驻有海上边防派出所。得天独厚的地理优势和国防教育资源，让我下定决心：一定要构建学校国防教育体系，推进学校特色发展。

正所谓"天下大事必作于细"，海洋国防教育的实施离不开系统的规划和完善的体系，海洋国防教育需要通过课程一点一滴地渗入到学生的心里。2017年10月，我们专门成立了国防教育领导小组，将以"海洋国防"为主要特色的国防教育，纳入常态化工作。我们制订了"1+N海式少年"培养计划，以"一个核心目标，两个校本课程，四个国防教育基地，三进服务模式"为实施途径，全面落实学校海洋国防教育工作。"一个核心目标"，就是培养"以海洋国防小卫士为底色，心胸宽广、体魄强健、志向远大、勇于实践、善于创新、敢于担当的海式少年"，其中的"一"，便指向海洋国防教育，全面提高每一个学生的国防观念和国防意识是重中之重。

上层建筑构建后，接下来就要具体落实，扎实推进工作。2017年11月，学校与八大峡边防派出所共同签订国防教育基地协议；2017年12月，又与中国海监第一支队共同签订海洋国防教育基地协议，同月，学生登上海监1305号开展海洋国防研学实践。2018年4月，学生到团岛灯塔，开展海洋国防研学实践，听守塔人、全国劳模王炳交讲述灯塔在青岛海域的重要作用。2018年5月，学生在"市南区推进海洋教育暨海洋教育联盟工作会"上进行《我骄傲，我是中国海娃》精彩汇报。2018年8月，学生到中国海军博物馆开展海洋国防研学，体验公益小讲解员。2018年9月，学校开展了"全国国防教育日"专题活动，组织学生登上长征一号核潜艇，听退役老战士们亲口讲述当年的故事，被CCTV7中央军事频道报道。在2018年12月4日国家宪法日，学校请专家入校讲解海洋法及中国海洋权益现状。2019年4月，在中国海军建军70周年庆典中，我校学生代表市南区参加舰艇开放日活动，登上俄罗斯舰船参观。2019年9月，学校组织学生走进青岛海岸电台旧址，了解中国海上丝绸之路和海军发展史。

一节节海防课，一次次海防实践，将听着涛声、伴着海浪成长的小海娃，培养成为心系祖国海疆、一心保家卫国的海式少年。可以说，正是因为有了国防教育这一有效抓手，学校才构建了"海洋国防教育+"的育人新思路，为学生的海防意识的提高、海权观念的树立打下了坚实的基础。学生每次学习都会记录内容丰富的研学日记，并带着问题与专家面对面交流，在一次次实践与体验中，学生对海洋国防的认识更加全面，对海洋权益的看法日渐深入。六年级的李晨扬参与海警船研学后感慨道，原来学校门前的海警船还到过钓鱼岛执行任务，在视频中看到深潜到海底1000米以下的潜航员与宇宙空间站的宇航员对话，这是中国深度与中国高度不可思议的对接，他为祖国深感骄傲和自豪。五年级的李明皓表示，登上自己外公曾经战斗过的潜艇，感到非常荣幸和激动，将来自己也想做一名解放军战士，保卫祖国海疆。五年级三班的王启维，聆听了很多关于海上的历史故事，表示中国海军好强大，自己以后也想成为海军，为国家贡献力量……"1+N海式少年"培养计划的最大亮点，就是将国防教育与爱国主义教育、法制教育、军事技能训练、人防教育与学校的育人目标有机结合，依托中国海监第一支队、八大峡边防派出所、团岛灯塔、海军博物馆四个海洋国防教育基地，采用基地专家进课堂、学校师生进基地、基地资源进教材与课程的"三进"模式，携手打造海洋国防教育品牌。

我深知教育要遵循规律，任何一种教育模式都要因材施教，尊重学生的个性成长，海洋国防教育也不例外。在实施过程中，教师团队结合对小学生的年龄、心理特点和接受能力的研究，确立了采用由浅入深、由低到高、由易到难阶梯式的教育方法，对学生进行以爱国主义和革命英雄主义为主要内容的国防教育。低年级的国防基础教育，在于全面了解国旗、国徽和国歌的意义、故事，初步了解国防与个人、国家的关系。中年级则聚焦中国海军，开展海军历史等方面的学习和"队列规范"等军事化训练，让学生接受海军优良作风的熏陶，认识到增强国力、建设国防、保卫和平是当代青年义不容辞的责任。高年级要进一步了解中国的领土、领海、领空及周边国家的情况，并聚焦"领海主权知识"开展研学实践，树立国家主权不容侵犯的思想。此外，学校还将每年9月的第三周定为学校"海洋国防研学周"；将五年级的国防研学课程与其他年级的假日研学实践相结合，做到了校内外合一，固定年级，固定项目，保证让每个学生切实参与国防教育实践；学校还邀请基地的专家指导教师进行课程研发，补充、完善了学校的国防教育课程教材，在此基础上，学校开发了"海洋国防课""滨海旅行课""海洋气象课""海式少年品格培养STEAM研学周课程""蓝色强国梦""海况观察与实践"等海洋国防教育系列校本课程，并编写了教材，让国防教育知识更加体系化、规范化。

STEAM研学周课程就是针对小学低中高学段的认知特点，分别组织一至二年级开展"我的成长小伙伴"，三至四年级开展"团岛灯塔"，五至六年级开展"坚固的海防线"等不同主题研学，研学内容涵盖了基础课、实践课、拓展课和综合活动四个层次的课程内容。以一至二年级开展的"我的成长伙伴"研学活动为例，学校在各个学科全面渗透"我的成长伙伴"的融合课，将学校专有的、每天陪伴学生成长的小伙伴海豚乐乐作为研究的对象，从单纯的喜欢到了解、亲近、敬佩，学生以海豚为媒，参与研究的过程，学习研究方法，培养问题意识，学习优秀品质。

两年来，在"1+N海式少年"培养计划的指导下，学校建立了与社会和专业团体共同研发、开展海洋国防教育的新格局，被国家海洋局授予"海洋探索营"称号，被市南区评选为以海育人领航学校。海式少年培养计划的实施，激发了八大峡小学学生的蓝色海洋梦想，从小用海的品格、海的人文精神、海的气质来熏陶学生，真正做到了解大海、亲近大海，树立经略海洋的意识，促进了学生的全面发展。

"五育"并举高效驱动，建构"百花、水滴、闪电"三大课程

在开发海洋国防课程的同时，学校优秀的传统课程也没有丢弃，学校本着传承与发展并重的理念，一方面以艺术为灵魂，以体育为特色，将"全国体育工作示范学校""全国青少年校园足球特色学校""山东省艺术教育示范学校"的特色发扬光大；另一方面以"五育""五节""两季"为抓手，进一步推进德育、智育和劳动教育的深化。

艺术是学校的核心课程和灵魂，普及化体育教育则是学校的办学特色和亮点。艺术教育是对学生美的熏陶，而体育教育则可以开发学生的非智力因素，培养学生团队协作意识、坚韧不拔的性格和勇于夺冠的竞技精神。

你也许听过这样的调侃："你的数学那么差，一定是体育老师教的吧？""同学们，体育老师病了，今天这节课上数学。"体育老师似乎永远是学生最熟悉的陌生人，体育课也是学校最容易忽视的课程。而在八大峡小学，却经常出现这样的"奇观"：班主任课间亲自上场，组织学生进行各种体育活动；放学后，老师们轮番上阵劝说家长让学生加入足球队；对于体育老师提出的教学计划，其他科目老师举双手赞成……而这一切，都源于学校对体育课程的重视。

学校开展了形式多样的"健康校园"创建活动，丰富体育课程内容，对足球、篮球、击剑、游泳、武术、柔道、轮滑等体育项目聘请专业教练，让学生进入专业场馆上课，让学生在运动中强健体魄，磨炼意志，学会合作。同时，学校加强了对眼操、亮眼操、课间操的管理，增强了学生的健康意识，使学生人人爱运动、人人会运动。根据学校实际，体育课程还探索了走班选项教学模式。以六年级为例，每学期初体育组进行调查，了解学生的兴趣爱好，根据学校的场地、师资、器材情况确定走班选项的三个项目：足球、篮球、旱地冰球，根据报名意愿，统筹安排，并且根据内容结构和课程体系，建立积分制的评价体系。走班选项教学的实施，关注学生个性的发展，提高了学生参与体育课的兴趣，加强了学生间的合作、交流，学生的身体素质明显提高，历年体质检测的数据均居于全区前列。

以往，可能一个班上就七八个学生喜欢打篮球，这种情况下老师只能优先照顾大多数学生，但是经过我们的改革，可以说八大峡小学的学生都可以根据自己的兴趣去选择喜欢的活动。尊重永远是教育的第一步。正如古希腊教育家柏拉图所说，身体教育和知识教育之间必须保持平衡，体育应造就体格强壮的勇士，并且使健全的精神寓于健全的体格。我想，如果说学生是含苞待放的花蕾，那体育教育是必不可少的养料，它不仅强健了学生的身体，而且塑造了健全的人格。

在贯彻落实国家、省、市全面加强和改进中小学校美育工作的意见中，我组织教师团队持续推进美育教育研究，基于学生发展需求，立足学校特色，通过开发特色课程、社团活动，开展学生艺术素养测评，确保学生人人参与艺术课程和艺术活动，培养学生欣赏美、感受美、体验美、创造美的能力。学校开设了剪纸、管乐队、舞蹈、绘画等涵盖美术和音乐领域的多个课余社团，音乐老师和美术老师会为其他老师开设艺术培训课程，提高整个教师团队的艺术修养。学校让学生在艺术中感受爱，用艺术表达爱，焕发传统文化的神采。学校还尝试将艺术和体育相结合，比如针对足球项目，学校成立了一支男生舞蹈团，表演的内容就是带有足球元素的舞蹈。韩美菁的妈妈表示，艺术节给了孩子一个锻炼的机会，也给了家长一个观摩的机会。宋佳涵的妈妈说："学校开设的管乐团社团，让孩子对长笛特别感兴趣。学校为孩子的兴趣发展提供了平台，老师们对孩子的指导也很认真、负责。孩子自从学习了长笛之后，性格更加开朗了。"郭懿萱同学热爱古筝，经常向老师学习弹奏经验，积极参加校内的乐器活动，这一坚持，就是六年，凭借着自己的勤奋，郭懿萱顺利考取了古筝十级证书，并被山东省青岛第七中学录取。姜柏丞擅长小提琴，五年的积淀让她从一个音乐"小白"变成了一个颇有功底的"音乐家"，并顺利通过了上海音乐学院的考级。艺术可以感召孩子内心的爱，学校通过开设各种各样的社团，让学生能根据自己的兴趣选择社团，给了学生更多选择的余地。学校的这种艺术氛围，让每个学生都能参与进来。

美育和体育是特色发展的助推剂，带动了学校课程建设的快速发展。学校系统构建了"百花课程""水滴课程"和"闪电课程"三大类课程体系，促进德、智、体、美、劳"五育"齐头并进，共同发展。

"百花课程"指的是课时、场所相对固定的校本课程，不仅包含艺术、体育相关的民族鼓乐、篮球、足球、版画等课程，还包含书香雅苑、木艺制作等，内容丰富多彩，百花齐放。

"水滴课程"指的是浸润在学生一日在校时光的每一个细节，课程场所不固定，是利用碎片化的时间开展的礼仪常规教育、学习习惯养成教育、品德品质修养教育，正如水滴石穿，持之以恒，一定会见成效。清晨入校，学生不仅会向老师问好，也会真诚地向门口的保安道一声"叔叔好"；中午就餐，也会真诚地对打饭阿姨道一声"谢谢您"。课余时间学生与老师、与同学的交流，一点一滴皆教育。

"闪电课程"指的是与社会热点、生活现象紧密相关的突发课程，由于时间、场地都不固定，需要靠教育者的智慧捕捉教育契机，抓住突出的焦点问题，从中挖掘教育因素，对学生进行德育教育。例如，结合重庆万州公交车坠江事件引发的网络热议，学校大队部就抓住事实热议的教育契机，利用德育大课时间，与学生做了"遵守规则，做受欢迎的人"主题教育课程，引导学生认识遵守规则是对自己负责，稳定情绪是做人的教养，爱惜生命是人生最重要的事情。该课程让学生在"右行礼让"规则的基础上，了解了小规则的大用处，引导学生从用文明、友善的语言与人交流开始，学会正确沟通，做一个受欢迎的人。鲜活的事例、正向的引导，不仅在老师和学生中反响强烈，也引起了家长重视，学生带着学校布置的作业单，回到家里与爸爸、妈妈一起讨论、交流，充分认识到遵守规则是现代人必备的素养。"闪电课程"的有效实施，再一次为培养八大峡小学出色的海式少年奠定了良好品质基础。

在将德育、美育、体育、海育、合育等特色活动有机整合过程中，学校设立了"五节""两季"，将每年的活动固定为4月体育节、5月艺术节、10月科技节、11月诚信节、12月教学节和1—3月的传统文化活动季、7—9月的读书季。学校通过丰富而有序、扎实而长效的工作机制，通过搭建广阔和多元的平台，让学生有了更多的出彩机会。学校组建不久的行进管乐团在市南国际管乐艺术周展演中获得二等奖；学校篮球队近年来三次夺取市南区冠军，并代表青岛市赴京参加大华北地区比赛；五年级二班的民族鼓乐荣获市南区班级器乐比赛一等奖；2019年毕业班总计58个学生，有9个学生通过艺术或体育特长迈入山东省青岛第七中学或山东省青岛第五十九中学的校门……课程带来的改变，最先受益的是学生，而学生的改变家长了然于胸。二年级一班张涵雅的妈妈发现，张涵雅在学校精神状态非常好，不但上课回答问题非常积极（老师反映），而且身体也比之前好了很多，性格更开朗了。

"163"课程立体呈现，体系架构指导教育教学做透、做强

党的十九大报告中进一步强调"要全面贯彻党的教育方针，落实立德树人根本任务"。我也意识到学校课程需要全面深化和改革，必须加深对校情、学情的全面认识与理解，于是我和老师们从课程理念、课程结构等方面进行了思索与实践，进一步探寻落实学生发展核心素养的课程方案。通过实施学生入学能力水平

测试和家长教养方式问卷调查，学校对学生和家长全面、充分地了解，也为国家课程的校本化和校本课程的开发提供了依据。

将学校课程与学生发展核心素养一一对位，我们建构了"真与美163"课程框架——"1"是学生核心素养发展这一根本目标，"6"即"人文底蕴、科学精神、学会学习、健康生活、责任担当、实践创新"六个维度，"3"指国家、地方、校本三级课程互动、互融、互通。

对课程体系的总结、凝练和升华，需要统一思想，明确方向。我想，完善"163"课程框架体系首先要守正固本，坚守好国家课程。国家对中小学课程质与量的规定，是各级各类学校课程建设必须遵循的道。以青岛市统一的课程设置方案为例，小学五、六年级每周30课时，国家课程占了28课时，93.33%的国家课程决定了对学校课程的重构与实施，必须坚守国家课程为本。所以，依照课程标准即守正，提高课程质量就是固本。其次再进行优化创新，研发好校本课程。校本课程承载了学校特色，培养学生与众不同的气质，学校组织的一切活动都是课程。晨读、升旗集会、传统节日的活动、各级各类赛事都是学校的课程，通过优化创新，推动课程融合，让校本课程成为国家课程的有效补充，体现独具风格的学校特色。

有了指导思路，接下来便是全方位、多层面铺开。学校下大力气，提高国家课程校本化的质量。教师通过选择、改编、整合、补充、拓展等方式，对国家课程进行再加工、再创造，使之符合学生、学校的特点和需要。从综合实践学科的性质和目标看，它与STEAM课程有较高的契合度，而师资是实现培养目标的首要环节。为此，学校着力打造能够胜任"综合"教学的教师团队，引导教师树立"全科"意识，一人双科，校级集备教研全部参与，区教研以主带辅，教法迁移互通，教师的视野拓宽，能力增强，更有助于提高课程质量。同时，教师充分借助电子书包资源，提供资源库，学生通过具有任务导向的学习活动，发现并提出问题。通过自主探究、合作交流、模拟实践等体验性的活动，教师引导学生感受学习过程和领悟学习方法，达成学习目标。教学组织的自主性、实践性、开放性、整合性使学生在学习过程中懂得如何在现实生活中将所学知识学以致用，在亲身体验与探究实践中，培养批判性思维、团队合作能力、决策能力等。

此外，语文学科老师着力研究目标定位与核心素养的联系，实现"知识本位"到"素养立意"的转变，分学段落实培养目标。以阅读为例，低年级从绘本阅读入手，激发学生的阅读兴趣。绘本创编给学生搭建了展示创造能力的平台，学生从读绘本到编绘本，实现了美术与语文学科的整合，想象力得到培养，语言能力不断提高。对中年级学生的阅读，老师推荐适合的书目，开展微信晒书单、存储阅读存折，开展图书漂流，编排课本剧，提高语言文字积累与表达能力。高年级的学生加强文言文阅读，老师除了上好导读课、交流课之外，还借助电子书包、网络技术，把课外阅读与现代信息技术结合起来。网络阅读、网络分享、网络评价，阅读方式的变革，进一步提升学生的综合能力。

国家课程校本化的质量提升后，就可以调动资源，优化实施校本课程。基于入学能力水平测试调查报告的反馈，我发现学生在"运动与健康""语言能力"和"艺术素养"方面有优势，这一优势要继续强化培养，激励艺体教学团队在原有课程的基础上，进一步拓展并开设了"轮舞轮滑""鼓乐童年"等课程。同时我也注意到学生在创新能力、社交素养发展的薄弱环节，建议开发相关课程补齐短板，如"科技大咖秀""机器人家"等培养学生科学探究能力，"海洋国防课""时事讲坛"等拓宽学生的社会视角，"七巧板""串珠天地""魔方世界"有效弥补了学生空间知觉的欠缺。

我深知课程的建设还不足以发挥作用，接下来要变革学习方式，让课程更吸引学生。学校借助场馆学习扩展课程，把课堂延伸至社会。师生走出校园，把课堂搬上了海监船、博物馆，在真实的场景中，学生开阔眼界，增长见识，独特的课堂经历让师生收获丰富的体验，接触到广阔的世界。场馆课程成为学生的一段段美好的人生经历，学生学在其中，乐在其中。另一方面，学校借助活动衍生课程。例如，在青岛首届马拉松比赛中，有一段赛道位于八大峡小学东侧的无名路，学校抓住这一特点，开展"四小员"体验活动：小小宣传员、小小研究员、小小啦啦队员、小小马拉松队员，有步骤、分层次，带领学生投入活动中。学生赛前了解马拉松知识，赛中为选手们加油助威，赛后参加学校迷你马拉松比赛，亲身体验，环环相扣、逐步深入地感受到了马拉松运动的魅力。

课程的研发和建设也带来教学模式的创新，在落实"悦动课堂"项目过程中，学校探索了STEAM导学模式：创境质疑—任务驱动—合作探究—创作实践—展示交流、评价反思。我们通过创境质疑培养学生的"问题意识"，培养学生在真实情境中发现问题、提出问题的能力；通过具体的任务项目，在合作探究、创作实践中调动学生耳动、眼动、口动、手动、脑动，培养学生的"工程意识"和"融通意识"，通过合作、设计、制作培养学生运用多学科知识来解决问题的能力。随着对课程和教学研究的深入，学校骨干教师迅速成长，1位教师获得青岛市教学能手称号，7位教师荣获区级学科带头人、教学能手称号，12人次出全国、省、市、区级公开课，14人次在市区级做经验交流，2位教师入选青岛市名师工作室成员。教师课程专业意识、资源意识逐步增强，初步具备了课程开发能力。而学生视野变得开阔了，课堂上思维活跃起来，掌握了学习方法，学习兴趣更加浓厚，愿意听，敢于说，学习能力不断提高。课下，学生认真、充分地参与各项活动，真诚地与同伴合作、交流，充满自信地展示自己，展现出八大峡小学学生"真与美"的特质。

丰硕的成果，让师生的精气神和自信心得到极大提升，在2018年社会化评价中，家长对学校的满意度很是喜人。随后，学校一年级新生的生源结构也发生了"翻转性"变化，从新市民子女比例超过2/3，变成一年级有2/3的学生是辖区内户籍儿童，这表明更多居民相信孩子在这里会有好的发展。在八大峡小学两年多的课程建设历程中，我深深地感到，课程是一个多维度、多层级、多时空的动态运行系统，下一步我们将继续探索"163"课程框架的实施路径，采取加强制度建设、加强学校文化建设、加快教师专业化发展步伐、深化课程评价体系等一系列保障措施，完善有广度、有深度、有温度的"真与美"课程，提升学生核心素养。

从踏进八大峡小学之初我便坚信：课程建设要取得长远发展和突破，需要不断提升教师的专业素质和教研能力。我善于发现老师们身上的亮点。学校语文教研组长程倩雯老师说："老师们一直处于被鼓励的环境中，即使偶有犯错，邱校长也只会委婉地提醒我们应该怎么做，而不是'不要怎么做'。在这样的氛围中，我们一直坚信，八大峡小学的学生是最好的，八大峡的老师是最好的！"坚定了这样的信念，老师们工作的积极性彻底被调动起来。以前只要一到下班的时间老师们就会赶紧关闭电脑，离开校园；如今晚上九点钟，八大峡小学的校园依然灯火通明，老师们还在办公室里忙工作。快捷而又高效是这个团队工作的状态，分工不分家是这个团队奋斗的姿态。

学校的定位能体现出校长的眼界和格局，八大峡小学发展最正确的方向，就是成为家长心目中的名校！也曾有人质疑，八大峡小学并没有"名校光环"，把目标定这么高，未免不切实际。我想：目标高是对的，所谓"取乎其上，得乎其中；取乎其中，得乎其下"，办学要志存高远，并为之不懈奋斗。在这样的目标引领下，我和我们的教师团队一直在行动。

针对家长最为关心的"课后三点半"难题，青岛八大峡小学早早就开始了探索和试点。学校全权委托家委会，采用引进第三方托管机构进校园的模式来解决这个问题，校内托管的开展不但提高了学生的学习效率，培养了他们良好的学习习惯，还让他们学到了很多在课堂上学不到的知识，开阔了视野。解决家长和学生真正想解决的问题，这才是一所学校提高满意度最有效的方式，八大峡小学在这方面的重视，正印证了我所说的绝非虚言。

结语

春华秋实路漫漫，轻舟已过万重山。从教30余年，辉煌始于平凡，我深知教育绝不仅限于老师在讲台上授课、学生在台下听讲，只要学生来到学校，学校组织的活动、老师的一言一行，皆是教育，都会让学生从中学会做事，学会做人。

当你走进八大峡小学，你会看到蓝天碧海和红瓦绿树相映成趣，你会听到轻轻的海浪声与朗朗的读书声交相呼应。课堂上，学生眼睛中闪烁着光芒，知识在妙语连珠间倾泻；走廊里，学生用画笔点缀着每一个角落，用艺术点亮校园；课间，学生一起游戏，朝气与活力在一张张开心的笑脸上绽放；操场外，学生如同一个个跳动的音符，尽情地享受着五彩缤纷的快乐童年……温馨、快乐、朝气蓬勃的景象，正是这所学校的课程迸发出的魅力！

对于学校未来的发展，我也充满了信心：八大峡小学就像青岛西部教育的一颗明珠，首先要将它重新擦亮，然后让它的光芒更加闪耀。未来，学校将继续以艺术为灵魂，以体育为抓手，发掘更多的艺术资源，争取在艺术方面走出岛城，与国际接轨，培养真与美的学生和全面发展的人才。

花样课程　花样蜕变　花样成长

——青岛市南区第二实验小学课程建设之路

随着课程改革的不断深入，科学而有序地构建课程体系成为中小学内涵建设的一种趋势，因何构建、如何构建是学校课程改革深入发展必须回答的问题。作为青岛市南区第二实验小学的校长，我认为，拥有独具特色的课程体系是推进学校课程变革的显著标志，而每所学校的课程体系应该具备独特的课程哲学、特定的课程功能、个性化的课程结构和有效的课程实施方式。在继承传统基础上开拓创新，我带领教师团队完成了对课程的梳理、规划、推进、反思，构建了富有本土特色的"七色花课程"体系，为学校更科学地发展、为师生素养提升找到了新的路径。

初探，拨开云雾见月明

我们现有的课程怎么样？是否能达到教育目标？实施过程中存在哪些问题？课程建设还要在哪些方面突破？如何通过课程引领学校发展？这些是作为校长的我调入青岛市南区第二实验小学后便开始着力思考的问题。人们都说课程领导力是校长的核心能力，是校长领导教师团队创造性地实施新课程、全面提升教育教学质量的能力，是一个校级团队引领、组织学校的课程实践的控制能力。在我看来，校长的作用关键在于把握教育本质和教学理念，建设共同研究的团队，引导教师在实践中发现问题、研究问题、解决问题，不断提高学校教育质量和团队专业能力。

时间是无可替代的见证者，从1941年成立的兴亚书院开始，到1949年命名为青岛濮县路小学，再到1999年正式命名为青岛市南区第二实验小学，学校至今已有79年的办学历史。学校虽然几经搬迁、合并、改造，但是依然充满了生命力和活力，形成了平和、包容的学校文化和海纳百川的学校精神。当你置身校园的每个角落，仔细观察每一张天真快乐的面孔，细心聆听每一句求知若渴的话语，总能感到浓厚历史沉淀下的教育气息。

在时间的轨道上前行，我认真审视学校的发展历史，从中发现有很多事件需要特别关注，如市南区第二实验小学是全国国际跳棋特色学校、山东省小班化研究实验学校；"主体能动教学法"被评为市南区十大教学法；学校教师虽然只有47人，但获得区级以上荣誉称号的有21人；学校核心理念"做最好的自己，助人成为最好的自己"在教师、学生和家长中已深入人心；学校虽小，但理念不小，"小班小校大精神"是这所学校的特征……"我们始终坚持团队小，发展可以无限制；校园小，思想可以无边界；场地小，空间可以很广阔。"我对学校发展精准的认识和定位，可以说为学校规划了正确、适合的发展方向。于是在课程规划的初期，我就带领教师团队对学校的历史与现状进行了系统的分析，并梳理了目前学校课程建设的优势和不足。学校办学思路清晰，教学设备能够满足需要，教师专业能力较强，课程建设已具备一定的经验，但在新时期教育改革的环境下，学校的课程体系还不完善，国家课程校本化实施处于起步阶段，教师对于校本课程研发能力较弱，主动建设课程意识不强。

启程，把握课程建设思路

课程是学校的灵魂，是学校最重要的产品。一所学校只有提供适合学生的课程，才能真正促进每个学生的发展。作为校长，我深知，只有对课程认识到位，才能开展课程建设工作，才不至于无处下手。正所谓"万丈高楼平地起"，基于学校现阶段的状态，结合教育发展的时代要求，我首先确定了学校课程建设的三个目标——学生发展目标、教师发展目标、学校发展目标。

学生的成长是课程建设的最终目标指向。借助课程，我们要达到的育人目标就是把市南区二实小学生培养成沉静、善思、自信、友善的"七色花少年"。我们通过课程这一载体，帮助学生形成正确的人生观、价值观，成长为具有社会适应力、良好道德、责任感的国民；同时培养学生具备良好的认知能力、合作能力、创新能力、职业能力，最终落实立德树人的根本任务。对于教师发展目标，我认为要通过科学的课程构建，增强教师的课程意识，提高教师的专业水平、研究能力和创新能力，促进教师的专业发展。学校将为教师提供进行不同程度课程实验的机会和平台，让教师参与完整的课程开发过程，从而让教师转变课程执行者的角色定位，最终增强学校管理者和教师对课程的理解能力、规划能力、执行能力和评价能力。在"做最好的自己，助人成为最好的自己"核心理念引领下，在实现学生发展目标和教师发展目标过程中，学校逐步实现深层次的提质减负，遵循基础性、多样性、开放性的原则，让课程满足不同层面学生发展的需求，形成独具市南区第二实验小学特色的课程体系，创建有特色、有温度、有故事的现代化学校。

有了目标后，我便开始着手设计课程。七色花多年来一直是学校的品牌形象，童话故事《七色花》讲述了珍妮用七色花掩盖了自己的错误、达成了自己因愤怒、嫉妒等负面情绪产生的种种愿望，但珍妮并未因此感到快乐，当她用最后一片花瓣帮助一个小男孩站起来时，她感受到了真正的快乐。七色花的故事倾向于德育。我找到七色花精神与教育的契合点，尝试用七色花给课程命名，一是希望能够传承学校的历史，二是挖掘七色花成长和多元两重内涵。

关于多元发展，世界著名发展和认知心理学家加德纳的多元智能理论可谓影响颇深。每个学生的智能不同，其外在必然显现出与他人不同的本质特征，而这种特征往往是学生特长的来源，是学生未来发展的增长点。我认为，加德纳的多元智能理论为教育带来了新的内涵，为教育工作者树立了正确的学生观、课程观、教学观，为"七色花课程"建设提供了理论支撑。学校和教师在课程构建时要考虑学生的具体情况，利用多元化的课程群为不同特质的学生群体提供不同类型的课程，促进其个性的发展，达到提升其竞争力的目的。学校应该鼓励学生更加专注于自己的兴趣，不要总是用自己的短处去跟别人的长处较量。每一个学生都是一朵七色花，只是花期不同，学校要遵循成长的规律，用面向未来的眼光，支持每一个独特生命的成长，帮助他们实现自己的绽放。七色花的独特来自多元与融合，围绕七色花这个形象，我们完善了学校的校徽，也确定了学校的课程品牌。

重构，凝练花样课程体系

围绕育人目标和课程理念，学校对课程目标、课程结构、课程计划、课程实施等方面进行了整体性规划，根据"沉静、善思、自信、友善"的"七色花少年"育人目标，学校把课程按照功能确定为基础型、拓展型、探究型三类，对每个类型分别设定了不同层次的课程目标，并规定了具体的课程内容。基础型课程的目标是培养学习习惯、获得学习体验、掌握学习方法、提升学习能力，课程内容为青岛市课程方案规定开设的课程；拓展型课程的目标是激发学习兴趣、拓展学习空间、培养综合能力、支持个性发展，课程内容为社团活动、班队会、节日文化课程、典礼和仪式课程；探究型课程的目标是乐于合作交流、善于主动发现、勤于实践探究、勇于改进创新，课程内容为研学旅行、海洋实践、兴趣走班。

学校把育人目标分解为"七个会"——会运动、会生活、会思考、会欣赏、会表达、会创新、会实践，把三级课程根据课程性质和目标纳入"七会"的框架中。体育学科对应会运动，下设排球、篮球、足球、健美操、国际跳棋等课程；道德与法治学科对应会生活，下设关于环境教育、安全教育、海洋标本等的课程；数学、科学信息技术、综合实践学科对应会思考，下设关于莫顿体系、3D打印、无人机等的课程；音乐、美术学科对应会欣赏，下设关于合唱、舞蹈、电声乐队、萨克斯、吕剧、美术绘本、创意装饰画等的课程；语文、英语学科对应会表达，下设关于经典诵读、绘本阅读、模仿秀等的课程；体育节、典礼仪式、科技节、艺术节、读书节等对应会创新；海洋教育和研学旅行等课程对应会实践。

在完成了结构设计以后，学校进一步提炼了围绕"七会"核心的七大课程板块——学科特色课程、仪式典礼课程、社团特长课程、研学旅行课程、海洋实践课程、兴趣走班课程和节日文化课程。涟漪式课程结构，将各学科容纳其中，整合校内教育和校外教育，由小到大，由里及外荡漾开去，一层层涟漪展现了学校丰富的课程。我认为，"七色花课程"是市南区第二实验小学的特色，体现了学校教育全面、适合、能动的优势，旨在鼓舞师生改变教与学的方式，让学生在动手、动脑的过程中体验学习的快乐、成长的魅力，让每朵"七色花"都有自己绽放美丽的"花期"。

研究，寻求课程高质答案

在学校课程建设方案的实施过程中，我并不满足于构建系统、完善的课程体系，我认为还要对基础型、拓展型、探究型课程不同功能的实现进行研究，结合课程特点与学校实际，让每一种课程都能够发挥其独特的价值。基础型课程强调促进学生基本素质的形成和发展，体现国家对公民素质的最基本要求，是全体学生必修的课程。学校以课程标准和学生发展需求为切入口，结合区域研究重点，从教学目标、分层作业、学科活动三方面入手，切实减轻学生负担，提升国家课程的实施水平。

国家课程的校本化是提高课堂质量的重要措施，首先，基于课程标准，学校开展目标校本化研究，从目标入手提高课堂教学质量。在教研组中，教师一是对照课程标准，将其校本化，细化为不同层次的目标，再把这些层次目标细化到每个年级，形成年级学科目标体系；二是依据目标体系，制定质量标准体系，使目标可测可评；三是根据目标和标准体系，实践基于课程标准的课堂教学。

其次，基于学情分析，学校开展作业生本化研究。针对长久以来作业内容统一、形式单一、针对性不强、学生作业负担过重等问题，在课程实施中，教师通过精心设计，使作业能够满足学生需要，关照差异。一是将作业内容分层。学校利用双休日创设"绿色作业"，在校园网建立全学科各年级"绿色作业"超市资源包，学生根据自己的学业水平，从资源包中自主选择难易适中的课外作业，真正实现了"我的作业我做主"。通过在作业内容和作业量上的分层，培养学生集体合作与个体创新精神，给予学生广阔的自主作业空间，将多种知识的获得和多种能力的训练有机结合，张扬学生个性，激励创新，适合不同程度学生的需要。二是设计多样化的形式。教师根据各年级学生的年龄特点设计作业方式，除了书面作业，还通过唱一唱、玩一玩、手工制作、家务劳动等形式，将课程标准和学生学科素养的养成渗透在学生学习过程中。三是强调自主。学校积极开发假期实践作业，让"快乐暑假""多彩寒假"等丰富多彩的学科实践活动、研学、体育运动、乐享阅读等参与式作业代替原来机械、重复的练习，学生走出校门，走出家门，走向社会，参与各项活动，在实践与探索中收获知识和快乐。

再次，基于学科特点，学校在课程上指向学生素养的提升，用多种多样的教学形式，激发学生主动学习的兴趣。一是利用碎片化的时间夯实基础，学校充分利用早读，组织开展中华经典诗文赏析、英语模仿秀、数学口算和听算的专项练习等活动。午休时间则结合书法课组织学生参与写规范字、树中华根活动，通过这些活动，达到夯实学生学科基本素养的目的。二是通过趣味竞赛强化学生的能力。学校要求各学科每月固定主题，开展学科竞赛活动。例如，学校对语文学科围绕生字、阅读、小练笔，将学科知识、方法进行有效拓展；对数学学科围绕学科素养提升和解决问题能力训练，开展口算、计算达级和解决问题专项竞赛，培养学生思维能力；对英语学科每月进行单词闯关活动，促进学生的单词积累；对综合学科结合每月主题组织项目式探究活动，开展形式多样的学科展示活动，丰富学生的校园生活。三是借助主题活动综合提升学生素养。学校以优势学科为轴心，强化学科间的横向交叉和融合，形成以优势特色学科为主，其他学科交叉融合、协调发展的格局。在积极推进市南区"以海明德十品行"工作时，学校将语文、美术、音乐确定为主要实验学科，语文组完成对全学段涉海主题课文的目标梳理，撰写了海洋活动拓展实施建议，并组织学生编写"以海明德十品行"童谣，进行"海"字飞花令大赛等活动。同时，学校还组织了以海明德"十品行"童谣的绘画、表演以及海洋歌曲传唱等活动，跨学科主题活动充分调动了学生的学习热情，呈现了学生的精彩创意，提升了学生的综合能力。

拓展型课程以培育学生的主体意识、完善学生的认知结构、提高学生自我规划和自主选择能力为宗旨。我认为，拓展型课程要具有一定开放性，要着眼于培养、激发和发展学生的兴趣爱好，促进学生个性的发展和学校办学特色的形成。学校的拓展型课程包括校（班）会课、社团活动、校园节日等。如何有效实施这些课程呢？在课程的建设中，学校紧密围绕课程目标，进行整体设计，避免活动碎片化。每周一第一节课是学校的校（班）会课时间，学校每学期初都会做好规划和课表安排，确保校（班）会课落实。在原有合唱、舞蹈、排球社团的基础上，学校根据学生的兴趣，新组建了足球社团、电声乐队、室内萨克斯乐团、吕剧社团、创意装饰画社团、国际跳棋社团。社团团员涵盖一至六年级学生，由学生根据自己的兴趣特长报名，老师选拔组建社团。一年来，社团用周一、周二、周五下午开展活动，参与学生约占全体学生人数的40%。对于校园节日课程，学校开发了小健将体育节、小院士科技节、七色花艺术节、小书虫读书节等。我们的宗旨是，校园节日属于每一个学生。每一个校园节日学生都是百分之百参与。

探究型课程在培养学生自主与创新精神、研究与实践能力、合作与发展意识等方面发挥着不可替代的作用，是学校课程建设和课程研发不可忽略的重要部分。在我的统领规划下，学校将学生兴趣点集中的研学旅行、海洋实践、选修走班课作为探究型课程的重要载体，强调学生的参与、探究和实践。结合区域特色，学校的研学旅行在"海"字上做足文章，围绕学校的课程目标制作适合学校实际情况的海洋研学指导手册，从研学准备、研学目标、研学内容、研学展示、研学评价等多方面对学生进行实际指导，让学生带着问题参与、带着思考实践，让每一次研学成为学生移动的课堂，有效避免了研学活动变成走马观花的游玩。课程实施以来，教师带领学生走进海底世界、中国海藻生物科技馆、极地海洋世界、天后宫、海军博物馆等海洋活动实践基地，开展海洋主题研学活动，帮助学生在研学中通过观察、体验、实验，探知海洋的奥秘，体会海洋的神奇，将研学的优势最大化。为提升学生探究海洋实践活动的深度和广度，在高年级段中，教师将海洋课程中学生的主题活动课题化，让学生带着问题去体验、探究、实践，在小型的研究性学习过程中走向"大海更深处"。落实兴趣走班过程中，学校针对课程的"七会"目标，设置了涵盖艺术、思维、劳动、科技、海洋、体育等内容的12门选修课，并采用大小课时相结合的方式，调整了周四下午第五、第六节课的时长，延长了活动课时间。在实施过程中，教师提前组织课程推介，发放课程说明，给学生充分的时间，然后采用微信选课的方式，让每一位学生都能参与其中，满足学生的兴趣需要和个性发展。每学期末，学校还会通过微信平台和现场展示等方式，组织课程汇报。

延伸，探索教师崛起路径

教师队伍建设之于教育，之于学校到底有多重要？教育部长陈宝生给出这样的答案：基础教育是中国教育的基础，教师是基础的基础；立德树人是教育的根本任务，培养教师是根本的根本。教师是学校课程落实的执行者，课程的有效建设也为教师带来了更广阔的成长平台。教师队伍的专业能力和综合素质，决定了学校课程建设的高度。因此，作为校长，我注重培养优秀的教师队伍，善于发现教学团队中的领军人物，创造有利条件，搭建教师成长的平台，提升教师的专业化水平，确保课程建设的质量。于是，在对课程体系深度研究中，我不断加强学科教研组建设，让教师树立"在研训中成长"的理念，并采取"三线行动"策略，打造了独具市南区第二实验小学特色的多能"七色花教师"团队。

主线一是"师德为先，夯实基础"。学校始终将师德师风建设作为教师团队建设的首要工作，积极创新师德教育途径，规范师德管理，利用好教师个人"师德档案"，实施"三学二实"的措施，将师德师风建设落实到位。所谓"三学"，一是集中学，由师德建设领导小组干部，带领教师认真学文件、学政策、学典型，领会精神，统一思想；二是线上学，学期初，学校相关负责人补充完善《"七色花"师德制度手册》，通过AM群发给每位教师，让教师随时关注，提醒自己严格遵守规定；三是承诺学，学校为教师举行重温教师誓词宣誓仪式，让教师对照《师德建设责任书》自查，郑重签字，自觉履行承诺，让行为变成自觉。所谓"二实"，一是活动实，学校以师德教育月为契机，组织开展向市南区教师发倡议、师德大讨论、抵制有偿补课、为新入职教师赠送"师德师风档案"，让师德工作落地有声；二是监督实，学校在门口的醒目位置设立了举报箱，时刻接受家长和社会的监督，让规范行为变成自觉，引导教师时时严格要求自己，时时对标自查，自我反省，提升教师团队凝聚力和向心力。

主线二是"研修助力，提升水平"。一是通过顶层设计让教师寻找成长路径，学校先后邀请"大咖"入校引领，如中国海洋大学孙艳霞教授的PBL项目式学习讲座、北京特级教师周爱东的课题研究指导、北京特级教师贾秋林的游戏化英语讲座等，多角度引导教师思考如何向规范管理要质量，激发了教师发展的内驱力。二是通过"百家讲坛"让教师与教育深层对话，学校启动"百家讲坛"活动，分段进行"聚焦核心素养，构建整合课题"学科分析会、学科融合策略讨论会、跨学科整合专题会、"4+1"课程启示大家谈，让学科教师担任培训主讲人，让研讨"活"起来。三是通过研修培训让教师与时代要求契合，为提高教师培训针对性和有效性，学校采取"问需求和分类别"培训方式，通过座谈、问卷等方式调研教师培训需求，以此设置科学的研修课程，然后开展分类培训，如让骨干教师建立学习共同体，对其开展能力提升培训，对新教师基于案例的情境学习开展任职培训，不断促使教师自我提升和自我完善。

主线三是"悦动三项，创新格局"。学校深挖"悦动"内涵，以课题促发展，积极推行教师素养提升、课堂关键突破和作业设计改革，不断优化教师的教学策略和学生的学习策略，打造师生互动、生生互动、学习主动、思维灵动的"悦动课堂"。一是开展教师素养提升行动，教研组结合"悦动课堂"项目设计学科组研究主题，进行理论学习、课堂研磨、有效实践。在"课程整合学习"研修月，教研组围绕学科内容、学科知识和生活、资源整合和学习方式"三融合"等开展主题学习；在"学课标、用课标"测试比武中，学校组织教师进行课程标准闭卷测试，在"提高命题质量"研修月，学校邀请教研员进行专业指导，开展命题质量比武，强化教师的教学目标意识和质量监控水平。二是开展课堂关键突破行动，以"聚焦观察，让课堂悦动起来"教学开放周活动为契机，利用课堂观测，科学收集与分析数据，通过课堂观察的结果记录与分析，引导教师主动寻找突破点，形成提高课堂效率的形式和策略，实现以学生发展为本，成就学生核心素养，探索更为高效的"悦动课堂"；"观测聚焦游戏，探究'悦动课堂'策略"教学风采赛以评优赛课形式为载体，聚焦教学策略的有效运用和学习方法的研究实践，推进教与学方式的深度变革，结合市南区"悦动课堂"目标导学、生活化案例等策略与方法，运用游戏化教学策略，达到师生互动，生生互动，全面推进"悦动课堂"项目。三是开展作业设计改革行动，学校依托青岛市作业联盟，通过教研分享—集备研讨—课堂实践—作业展评，从作业种类、数量、布置情况、批改情况、学生字体和特色作业等方面，使用自评、互评多种评价方式以及激励性评语，有效地推动学校"悦动课堂"深入开展。

成效，师生生命共成长

"七色花课程"建设和实施以来，基于课程的学校特色逐渐显现起来，助推了学校内涵发展，同时催生了新的生长点。

这一年，学校干部的课程意识明显增强，通过不断的研究和实践，他们认清了课程与教学的关系。在区教育中心指导下，学校制定了《青岛市南区第二实验小学课程建设规划》，让干部在各自分管的业务工作的规划中，能够主动对接课程目标。

这一年，教师在学习课程理念、解读课程规划、参与实施的过程中，专业水平不断提升。教师有20余人次在青岛市"一师一优课"、信息技术与学科融合优质课、青岛市全员育人优秀工作案例评选、青岛市第五届智运会、市南区优质课比赛、区公研课中获奖或进行课例展示；有两位教师在市体育学科、市南区综合实践学科寒假专题培训进行经验交流；还有两位教师分别被评为市南区优秀教师、区教学能手。

这一年，学生德、智、体、美、劳得到了全面的提升与发展。我校是一所只有500余人的小规模学校，但学生有近400人次在各级比赛中获奖。我校学生在市健身操比赛中获二等奖，在区啦啦操比赛中获一等奖；在区诵读大赛中获小学集体组一等奖和个人组一等奖；在区级、市级班级舞蹈大赛中均获得一等奖；学校荣获青岛市第五届智力运动会国际跳棋少儿组团体第一名，我校国际跳棋小棋手入选国家队并在亚锦赛上为中国队摘得首金。

这一年，学校"十三五"市级规划立项课题获批开题，与中国海洋大学联手建立了市南区首家中国海洋大学研究生实训基地。学校被评为"青岛市科研卓越校园""山东省国际跳棋特色学校"。同时，多项工作取得零的突破，我校学生首次进入游泳比赛团体总分前八名；首次进入头脑奥赛全国总决赛；学校新组建了多个学生社团。课程的扎实推进提升了学校的办学水平，赢得了家长的认可，在两次社会化评价中，家长对学校办学质量的总体评价、对学生参与选修课和社团活动情况的评价均高于区平均水平。

结语

始于精心，行于精致，成于精彩。回首一年来的工作，学校在课程建设逐步完善过程中，内涵发展呈现多样化。遵循"让美德占据心灵"的德育理念，学校将"七色花美德少年行动"贯穿于德育全过程，打造了"七色花美德育人"的德育品牌，被评为"青岛市中小学十佳德育品牌"。课程成为领衔和统领学校各项工作的重要抓手，让课程为教育代言，让课程帮助教师、学生成为最好的自己。且行且思，我认为：不管时代如何变化，立德树人的根本任务不会变，培养学生适应未来社会的核心素养和关键能力的目标不会变。但是经济环境、成长需求、教育政策都在发生改变，这就要求我们准确识变、科学应变、主动求变，更要因时而变、顺势而为、多元求解。下一阶段，学校在课程整合的有效策略、教师对课程研发的能力等方面还要继续加强。在当前教育新环境下，除了对学校理念的坚守以及课程的实践外，还要对课程育人的有效实施进行深层次的研究与探索。

建立百盛文化格局，推动课程内涵发展

——青岛百盛希望小学课程故事

　　青岛百盛希望小学是一所年轻的学校，是2000年胶州市胶西镇尹家店小学、雅会村小学和小行小学三校合一，异地新建而成。建校20年来，学校先后被评为青岛市现代化学校、青岛市规范化学校、青岛市花园式学校等，也是胶西镇的热点学校之一。一流的学校靠文化，我校确立与文化主题同文同韵的办学宗旨——百花盛开，朵朵出彩；用文化主题衍生出办学目标——办百花争妍的特色学校，铸人人出彩的教育品牌；确立特色办学的着力点——出彩教育；确立与文化主题同频共振的学校精神——一花独秀不是春，姹紫嫣红春满园；生成同文化主题一脉相承的核心理念——为每一朵鲜花找到芬芳的方向，让每一朵鲜花都出彩。

　　学校的核心是课程。因此，我们打破思想上的固有藩篱，加快国家课程、地方课程与学校课程的深度整合，实现课程的校本化。我们开设必修课程和选修课程，选修课程即我校的社团活动课程。我们根据学生需要，开设了30多个项目的社团，让学生选择自己喜欢的社团，找到适合自己的课程，满足不同特长、不同兴趣、不同层次的发展需求，让课程成为百盛的一张靓丽的名片。

指导思想

　　坚持以《中共中央、国务院关于深化教育改革，全面推进素质教育的决定》和国家《基础教育课程改革纲要（试行）》为指导，依据青岛市教育局《关于深化中小学课程改革的意见》的要求，站在儿童立场，从儿童出发，亲近儿童，顺应儿童的发展特点、生活经验、学习规律，满足儿童的发展需求，融合东西方教育精华，建设多元选择、充满活力、注重过程、富有特色的具有较大张力的学校课程。

课程定位

课程是学生全部学校生活的总和。为学生提供什么样的课程，就是为学生提供什么样的成长条件。因此，我们的课程就是学生自主发展的跑道，是学生参与社会活动的桥梁，是学生厚实文化基础的载体。

课程目标

适合儿童发展的课程，才是有生命力的好课程。因此顺应儿童天性，尊重儿童自由，理清儿童、课程、教师和学校之间的关系，让他们在学习和生活中身心自由，成就独特的自我，是我们对课程构建的哲学思考。我们以培养"全面发展的人"为核心，紧扣人文底蕴、科学精神、学会学习、健康生活、责任担当、实践创新六大核心素养开发开设课程群，做好学校选修课程与国家、地方课程的有效衔接，充分挖掘校内外资源，坚持从儿童出发，以满足儿童个性化成长为目标，构建以儿童为中心的教学氛围与秩序，以课程满足儿童需要为目的，呈现出"开放""选择""生态"的自主发展的学校课程新形态。我们通过完整的课程体系，落实立德树人的根本任务。

课程理念

儿童是鲜活的生命个体，儿童有价值的学习是课程改革的原点和终点。

课程是学习经验的总和。

课程应努力体现儿童意识、儿童视角、儿童心理。从儿童真实生活出发建设课程。

课程结构是动态的，不是静态的，是不断发展、不断完善的，同时也是与时俱进的。

学校实际，是课程的立足点；核心素养，是课程的抵达点。

课程体系

青岛百盛希望小学以"百花盛开朵朵出彩"为文化主题，以"出彩教育"为文化内核，以"办花团锦簇的特色学校，铸人人出彩的教育品牌"为办学目标，走文化立校、内涵发展之路，将学校办成了教育的百花园，形成了鲜明的办学特色。

为满足学生成长需要，培养学生核心素养，学校契合文化主题，开发并实施"百花课程"体系，初步制定《百盛小学课程实施纲要》。

课程目标：为每朵花找到芬芳的方向。

课程特质：创造新时代最有味的花语。红梅赞——红色基因传承；爱莲说——争做尚德少年；梨花颂——培养艺术特长；兰花咏——参加公益活动。

课程实施：飘洒百花园最迷人的花香。连心花巷——连接家校的纽带；步步芬芳——踏出闪光的足迹；一路花香——歌唱最美的绽放。

课程呈现：亮出每朵花不一样的美丽。

课程分为三个频段：基础性必修课程、个性化选修课程、探究性普修课程。

基础性必修课程

基础性必修课程包括思想品德、语文、数学、英语、科学、音乐、体育、美术、信息技术、安全教育、环境教育、传统文化、校内外实践活动课程。

我们把基础性必修课程整合为以下六大类：（1）语言与情感；（2）数学与生活；（3）信息与科技；（4）艺术与审美；（5）体育与健康；（6）环境与实践。

我们国家课程校本化的做法是以国家课程为基础，以国际课程为参照，将中西方课程教材融会贯通。我们在深入理解、充分挖掘多个版本教材的基础上，广泛吸纳多版本教材中对学生发展有益的因素，通过对国家课程、地方课程进行校本化选择、改编、整合、补充等方式，实现课程和教材重建，使之更符合学生、学校的特点和需要，形成校本化课程。同时，我们还构建课程、教材、课堂、学生纵横联结的、结构化的学习过程，实现教学的有效性。

我们将传统的学科课程加以重新组合，实现将学科知识转化成学生解决问题的资源。我们设计了主题式综合课程，将语文、数学、英语、思想品德四门学科进行跨学科组合，架设学科通道，打通学科壁垒，让学生的学习面向生活，面向问题。

语文科以课程标准为依据，以人教版教材为基础，适度增删部分课文，以语文工具性为主题划分单元，拓宽听、说、读、写的训练途径，形成系列校本教材，实行单元整合教学，提升学生整体的语文素养。

数学科以课程标准为依据，结合学校办学核心理念、小学生的年龄特点和周边教育资源设计课程内容，采取模块教学，分为"实践活动篇、思想方法篇、趣味数学篇"三大模块，各大模块又分为若干小模块，以学科思维训练为主线，低、中、高学段分层次循序渐进，螺旋上升，图文并茂，注重趣味阅读，重视学练结合。

英语科以新标准英语为基础，开设情景活动课、校园英语课、拓展课。情景活动课内容包括游戏、话题、歌曲。校园英语课内容包括英语原版电影片段欣赏、英语原版图书阅读、英语日常用语、英语广播、西方文化。拓展课内容包括瑞思英语、英语绘本阅读、话剧表演。我们创设英语环境，激发学生学习英语的兴趣，优化学习策略。

科学、音乐、体育、美术、综合实践活动等课程根据课程标准，围绕"艺术百花园、教育百花园、文学百花园、健美百花园"的目标进行个性化实施。

个性化选修课程

我们努力为学生提供更适切、更多元、更丰富的课程选择。小课题研究、自主建构知识结构，让学生选择更适合自己的学习方式；自主布置有"性格"的教室、独立选择社团，助力学生自主多元发展。儿童剧、微社团，释放学生潜能，张扬个性，让学生在多样选择、多种体验下获得学习的进步、能力的提高。

语言类课程包括演讲与辩论、小主持、小法官、国学经典、英语绘本阅读、英语话剧、科普剧、科幻作文、心灵素养提升。

书法类课程包括硬笔书法、软笔书法、篆刻。

体育类课程包括足球、篮球、乒乓球、健美操、舞蹈、武术、田径、围棋、象棋、五子棋。

绘画类课程包括版画、科幻绘画、儿童画、古诗配画。

曲艺类课程包括快板、钢琴、古诗词吟唱、合唱、古筝等。

手工类课程内容包括十字绣、剪纸、折纸、拼插、编织、木艺、花卉、厨艺、茶艺、沙盘游戏坊等。

科普类课程包括电脑绘画、航模制作、机器人、3D打印等内容。

探究性普修课程

探究性普修课程包括节日文化课程、生命润染课程、科技启蒙课程、探索游戏课程等。

节日文化课程

我们基于核心素养，结合学校的四季课程，体现学校的办学特色，借用学校的文化形象，设置了学校的节日，形成学校的节日文化课程。让学生在不同的节会活动中增加体验，激发爱校、爱国情感，全面提升学生素养。

3月的百盛公益节契合中国公益节，以"让公益成为一种态度"为主题，旨在引导公益走向每一个百盛人。

我们利用学雷锋活动将雷锋精神和公益情怀建立联系；利用植树节等活动丰富公益活动；建立校外活动站，开展公益活动；以家庭为单位形成"公益小单元"，灵活开展公益活动；以少先队组织为平台，按照一定主题开展公益活动。

4月的阳春体育节中，我校开展足球知识竞赛、足球文化展、"我喜爱的足球明星"征文比赛、趣味足球赛、三至六年级足球对抗赛、"校长杯"班级足球联赛、校级"足球先生""足球小姐"及"金靴奖"的评选。我校利用阳春体育节，将校园足球成果、阳光体育成果来一次综合性的大检阅。

5月的"春暖花开"文化节中，我校组织"校园好声音"大赛、手抄报比赛、书法比赛、辩论赛，组织学生开展纸塑、泥工、布艺、刺绣等民族传统手工艺的探究制作活动，举行学生手工创意作品展示、社团成果展示、庆"六一"文艺汇演。庆"六一"文艺汇演是校园文化艺术节的高潮，是校园文化生活的精彩剪影。

6月的迎夏科技节活动如下：科学幻想日，让学生看科幻动画、视频、电影等；科普知识日，普及相关的科普知识；科幻故事日，让学生大量阅读科幻图书等；走近科学家，介绍科学家的故事；生活中的科学，让学生介绍生活中的科学知识、小常识等。我校举行创客大赛、小发明博览会，可与学校创客课程有机结合，培养学生的创新意识和审美能力；让学生体验劳动的重要性和创造的愉悦；培养学生热爱生活和珍惜民族传统手工艺的情感。

9月的孔子文化节中，我校依托孔子课堂、孔子研究室开展寻访孔子、走近孔子的小课题研究活动。我校开展"孔子——民族的骄傲"主题活动；开展寻访"三孔"教学活动；依托孔子开展丰富多彩的读书节活动，搭建展示和交流的平台，促进学生更新知识、发展智力、开阔视野；推进书香班级、书香校园、书香之家建设，积淀学校、家庭文化底蕴。

10月的金秋艺术节中，我校举行校园歌手大赛或合唱大赛，校园剧大赛，舞蹈大赛，书画、摄影大赛，音乐、舞蹈、曲艺赏析讲座，英语课本剧比赛，班级艺术活动。

11月最美花语节中，我校开展认花活动，让学生认识校内外常见花卉，力求每位学生认识100种以上；开展"百花身份证"制作评选活动；举行菊展；开展"花开四季"画展活动；根据学生身心发展需求，设计感恩父母、感恩老师、感恩大自然的相关活动内容；邀请家长参加活动，突出感恩主题，促进共同成长。开展"最美花语"美文诵读活动；开展"做一朵出彩的花"主题教育活动。

12月的暖冬迎新节中，我校以"新"为关键词，结合元旦和春节等传统节日开展丰富多彩的活动，并将活动延伸到假期中。我校开展"乐乐话新年"活动；针对当地春节习俗，指导学生体验春节祭祖、吃团圆饭、拜大年、走亲访友等；组织学生开展写春联、贴春联、赏春联等活动；鼓励学生积极参与家庭"忙年"劳动；开学后举办班级交流会、成果展示会，对春节活动进行展评；开展社团纳新活动；举办迎新联欢会；举办"红花少年"表彰活动，表彰各班评选的"红花少年"。

在此基础上，我校开设民族传统节日课程。利用春节、清明节、端午节、中秋节、重阳节等传统节日开展中华优秀传统文化教育实践活动。学生通过参与活动，体验节日中蕴含的中华传统美德，自觉增强民族自豪感和文化认同感，提升家国情怀。

我校还开设了世界节日课程，让学生了解西方国家节日习俗，让学生在认同本民族文化的基础上认识世界，了解世界多元文化，关心人类共同发展，形成人类普遍认同的价值观，形成跟进时代、开放、多元、包容的文化视野，并用开放的心态看世界，提升与世界各国人民沟通的能力，培养天下情怀。

生命润染课程

生命润染课程涵盖国学涵养课程、公益课程、校园文化隐性课程、"做一朵美丽的花"德育课程、仪式课程等。

为使经典之主旨要义根植于学生之心，深化"读经典，塑品行"活动，我校开设国学涵养课程，按照学生年龄特点有梯度、一体化地推进国学课程实施。我校编写了中华经典诵读读本，如一年级的《弟子规》，二年级的《三字经》，三年级的《道德经》，四、五年级的《论语》，六年级的《诗苑词吧》。读本图文并茂，既有原文，又有释义，既有故事链接，又有故事追问，做到文学性、思想性、趣味性融为一体。

我校发掘社区资源，组织学生以服务者身份走进社区、参与社会公益性活动，以社会成员身份参与职业体验、社会服务等实践活动。这些活动让学生增加了对社会的认识与理解、体验与感悟，形成积极进取的生活态度和服务社会的奉献精神，增强社会适应能力、社会责任感和公民意识，培养学生的社会担当和公益情怀。我校以"百盛公益梦，有我在行动"为主题，开设公益课程，并着重以3月的公益节为课程平台，通过丰富多彩的实践活动来实施。

我校以"做一朵美丽的花"为主题，挖掘花丰富的文化内涵和朴素哲韵，借助学校四季课程，通过红梅赞、梨花颂、爱莲说、兰花咏，将校园环境外显为花的世界，并以承载浪漫诗情的花完成对学生的浸润，构建别具一格的隐性课程。

我校以"做一朵美丽的花"为主题，开展"养成教育"。首先，我们确立"美丽的花"的标准，让"美丽的花"与四大校园生活规范（课堂规范、卫生规范、礼仪规范、升旗规范）对接；其次，通过"红花少年"评选创新评价方式，推出四级层次递进式评价机制，同时赋予红花激励功能；再次，形成一体化的德育路径。用这样的活动培养学生良好的行为习惯和法制观念，创新德育形式，形成学校的德育品牌。

仪式活动是学校在学生成长发展的关键节点，以典礼的形式开展有秩序性、情境性、体验性的集体活动。我校以仪式激发学生积极向上，并产生持久的影响力。我们的仪式活动主要包括入学仪式、升旗仪式、入队仪式、成童礼、毕业典礼、表彰颁奖仪式等。

科幻教育课程

我校通过科技启蒙、科幻创作，唤醒学生热爱科学的情感，培养学生勇于探索、勇于创新、勇往直前的创新精神；训练学生科技创新的技能，提高学生的科学素养，训练学生科学的思维方法，丰富学生科技想象能力，提高学生科学认知水平，最后形成科学精神。

我校根据小学各年级学生的年龄特征和知识基础，构建"科幻基础课程""科幻辅助课程""科幻拓展课程"三个模块的科幻教育课程体系。

"科幻基础课程"即学科普知识，讲科学故事，建智能家族，探未解之谜。

"科幻辅助课程"即看科幻电影（动画、视频），画科幻图画，写科幻作文，演科幻剧目。

"科幻拓展课程"即动漫小制作，科技小制作（航模、舰模、机器人），科技小发明，校外小调研。

在科幻课程实施的同时，我们多措并举进一步推进科幻教育。

第一，建设科幻长廊，营造科幻文化氛围，使学校物化环境突出科幻教育，建立科技教育馆，设立科幻教育文化区，使校园环境具有鲜明的科幻教育特征和风格。

第二，以基础学科教学为主渠道，将美术、科学、信息技术、综合实践等与科幻课程整合，实现科幻内容学科渗透。

第三，我校把创新思维与动手能力相结合，开设创客课程，成立了科技创新实验室。根据该实验室的配备，能实现四个功能：一是科幻设计教学，配备电脑、手绘板，用于开展电脑制作、科幻画及信息技术教学活动；二是科普教育活动，配备科学互动、可操作的实验仪器，用于开展科普教育活动；三是3D打印实验，配备电脑、3D打印机、打印耗材，用于开展3D打印创新课程教育；四是平板教学，配备移动平板终端设备，用于网络学习空间教学实践。

探索游戏课程

探索游戏课程包括学具好玩课、学具研究课、模型拼插课、模型探究课。学具好玩课针对低年级学生，可以玩计数器、小木棒等。学具研究课针对中、高年级学生，可以用学具进行面积的推导、体积的推导等。模型拼插课内容是指按照图纸拼插模型。模型探究课内容是指自由想象、自由发挥，拼插自己创造的模型。

学校特需课程——校园足球课程

该课程分为两层：一是普适性全员课程，目标是普及足球运动，让学生总有一种方式与足球结缘；二是精英提升课程，目标是培养有足球特长的学生。

足球课程的基本理念是以热爱为琴弦，以快乐为音符，弹奏美妙的足球乐章。

我们以足球规则为脉络，以公平、公正为灵魂，创新德育模式，把足球当作优秀的教育媒介，教会学生做人，让他们在玩足球的过程中学会合作、学会创新、学会运动、学会进取。

课程支撑包括技能训练点、历史文化点、课程覆盖点。

技能训练点：我校根据各年级学生的年龄特点，进行课程开发。一、二年级，以游戏为主线，让学生在玩中建立对足球的浓厚兴趣，初步了解足球的规则。三、四年级，以活动为主线，让学生通过系列活动学习足球规则，能欣赏足球赛并初步进行对抗性比赛。五、六年级，以比赛为主线，让学生掌握足球技巧，学习足球精神。学校要求，每节体育课教师要至少留给学生十分钟的足球学习时间，让学生在课堂上感知、触摸、练习、游戏，激发学生热爱足球的情感。

历史文化点："和美乐章"中对足球的历史文化有较多的涉猎，尤其是足球起源这一与山东息息相关的历史问题，也成为校本教材中浓墨重彩的一笔。其中有这样一段史料：2004年2月4

日，国际足联在伦敦对外宣布：足球最早起源于中国——中国古代的蹴鞠就是足球的起源。这样，围绕当今风靡全世界的"第一运动"——足球的身世起源的争议就有了最权威的定论。2004年7月15日，在北京第三届中国国际足球博览会上，国际足联和亚洲足联一致认为中国是足球的故乡，中国淄博是足球最早的发源地！国际足联主席布拉特在开幕式致辞中说："中国足球有着优秀的发展传统，淄博临淄的蹴鞠，对足球运动的发展有着极大的贡献，感谢中国将这项运动带给了世界，世界因为有了足球而变得更精彩！"

课程覆盖点：铺面—拉线—锻点—辐射，既要点上结果，更要面上开花。我校把足球纳入学校课程，以"和美乐章"课程开发为依托，以游戏为主要手段，全面铺开玩足球的活动，让学生在玩中享受足球的快乐，这称为铺面；从玩足球的学生中选取有天赋的参加学校足球队，并从一年级开始分梯次组建足球队，让学校足球队自始至终能注入新鲜的血液，这称为拉线；以学校俱乐部建设为主体，选取优秀球员注册，并代表学校参加各级各类比赛，以赛促练，提高技术、战术水平，并借助青岛成人足球俱乐部，利用假期进行训练营式的"精英"训练，提升学校足球的竞技实力，这被称为锻点；最后，扩大百盛小学的校园足球辐射功能，带动胶州更多的学校参与这项活动，进而让足球成为胶州体育的特色。

课程实施

我校倾力打造"出彩课堂教学范式"，大力推进课程实施。"出彩课堂教学范式"的要素是效率高、兴趣浓、欢乐多、师生和。

我们认为，要把读的权利还给学生；把讲的机会留给学生；

把想的时间交教给学生；把练的快乐放给学生。

"自主、互助、探究、实践"，将知识学习与思维训练统一起来，实现由教师的教向学生的学转变，由授受式向探究式转变，由知识灌输向思维训练转变，由个人分散学习向小组合作学习转变。打破"一课一学"的局面，以课程标准为依据，明确课堂教学目标，实施主题单元教学。立足课标，超越教材，围绕"单元主题"整合教学内容，节省时间，提高效益。

"出彩"课堂模式概括为"一为主五环节"：所谓"一"是指前置学习，也就是学生的课前自主预习。所谓"五"是指课堂学习的五步，即提出问题；自主探究，合作学习；交流展示，点拨提升；拓展提高，练习巩固；评价引导，总结反思。

课程评价

评价理念

我们建立了以满足学生需要为目的，关注学生学习的状态，调动学生的积极性的评价体系。评价从共性走向个性，重过程，重态度。其标准更为具体，方式更为多元。我们通过评价，评出学生的自信，评出学生对未来的信心，让学生全面、健康、自由地成长。

评价方式

过程性评价

过程性评价是以"做一朵美丽的花"活动为价值导向，以红花评选为载体的递进式评价。每积累20片红花瓣就能获取1张金蕊卡，每积累8张金蕊卡就可获得1张红花卡，每积累4张红花卡，就可获得"红花少年"荣誉称号。"红花少年"是最高的评价品级。过程性评价主要包括两种形式。

首先是定量评价。定量评价多是由家校合作来实现的。通过家校联系卡将评价延伸到家庭，由家长为学生在家庭的表现做评判，并将评价落在四个点：一是作业是否保质保量；二是课外阅读是否保证半小时；三是学生应该干的家务是否完成；四是学生是否保持良好的学习、生活习惯。家长通过对孩子的日常表现定量评价，利用家校联系卡向班级申请星卡，以保障同学校的教育同频共振。

其次是变量评价。我校班主任、任课教师、班干部、监督岗执勤人员都有评价权。他们主要捕捉学生日常行为的亮点，给予即时评价，关注的是学生日常生活中的点点滴滴，体现的是"多把尺子评价学生"，并通过颁发"红花卡"来完成。

跟踪性评价

跟踪性评价不以统一的尺度来丈量学生，不在学生之间横向比较，而是纵向比较学生一个阶段的发展和进步程度。跟踪性评价一般由班级或家庭来操作。学生的习惯养成是跟踪的重点，主要跟踪小学生学习习惯养成、小学生行为习惯养成教育内容。

小学生学习习惯养成教育的内容包括学会倾听的习惯、善于思考的习惯、敢于提问的习惯、与人合作的习惯、自主读书的习惯、认真书写的习惯、自评互评的习惯、搜集资料的习惯、动手操作的习惯、按时完成作业的习惯。

小学生行为习惯养成教育的内容包括举止文明的习惯、诚实守信的习惯、尊重他人的习惯、守时惜时的习惯、懂得感恩的习惯、勤俭节约的习惯、遵守秩序的习惯、勤于动手的习惯、锻炼身体的习惯、讲究卫生的习惯。

发展性评价

进行发展性评价的前提是承认和尊重学生的差异，由学生的差异而衍生出评价标准的弹性。发展性评价更多的是关注学习能力弱的学生，降低这些学生获得奖励的门槛，让他们同样可以感受到成功的喜悦。如背诵古诗，有的学生需要背诵五首诗才得一张星卡，而有的学生可能仅背两首就可得到同样的奖励。同样在体育运动、劳动技术等方面都可采取发展性评价方式。

活动性评价

活动性评价既是过程性评价的补充，又是过程性评价的延伸。

一是仪式评价。我校经常利用升旗仪式或者学校集会等时机，进行颁卡或颁奖仪式，通过隆重、庄严的仪式增强对学生的激励效果。

二是文化评价。对于评选出的"美丽叶子"，我们通过多种文化平台进行表彰：或者在《百花盛开》校报上留名，或者在展示牌上留影，或载入校史，或编入"百盛故事"。通过这些文化平台，让学生的嘉言美行成为学校文化的因子。

三是活动评价。我校每学期都组织各种活动，让受表彰的学生或在艺术节、诵读节展演，或在体育节展示，或在实践活动中亮相……实现活动励人。

评价主体

我校打破"评价霸权"，改变自上而下的单一评价视角，通过小组管理建立个体评价和团队评价相结合的机制。小组类型包括岗位体验小组、学科兴趣小组、社团小组。我们采用师师合作、生生合作、师生合作的小组管理模式，并按照"客观记录—民主评议—公示确认—受理咨询—形成档案"的流程，结合自评、互评和他评、正式评价和非正式评价、定量评价和定性评价等，深化评价改革。

总之，我们从儿童的需求出发选择和构建课程，以儿童的成

长规律、认知经验为基础开展课程研发、课程设计、课程实施以
及课程评价等多项工作，为他们选择丰富、有趣的课程内容，运
用贴近儿童生活的课程资源，采用自主、合作、探究的课程实施
方式，扬童心、葆童真、激童趣，让课程真正成为儿童喜欢、需
要的"绿地"。

下篇

邓晓红名校长工作室成员课程交流

主持人：

邓晓红（青岛朝城路小学校长，青岛市邓晓红名校长工作室

主持人）

交流校长：

邱琳（青岛八大峡小学校长）

毛小园（青岛市南区第二实验小学校长）

戴茜（青岛长阳路小学校长）

高彩霞（青岛市城阳区夏庄街道夏庄小学校长）

乔严平（青岛百盛希望小学校长）

王成广（青岛市即墨区第四实验小学校长）

导语

邓晓红：学校里"生长"着许多精彩的课程故事，它是真实的、生动的。七位校长的课程故事是校长和学校干部、教师基于对课程重要性的认识，着眼于学生的成长需要，一起打造学校课程而发生的给人启示的故事。

故事体现了校长们对课程的怎样的认识？我们几位校长今天坐在一起就我们对课程的认识进行交流。

近几年，青岛的教育改革特别关注课程的开发，各个学校都基于自身对教育价值和课程价值的追求开展了课程体系的构建和特色课程的打造。在这个过程中，校长无疑起着主导作用，在课程理念追寻、课程体系搭建、课程内容完善、教师团队发展、教学方式更新、课程资源开发和课程评价反馈中起着领导和决策的作用。因此，通过此次座谈，我们将呈现校长们的思考和决策过程，一方面让课程开发的研究性实践更加理性和深入，另一方面能够为教育研究者提供鲜活的教育生态样本。我们的座谈将围绕三个主题展开：课程是什么，呈现愿景和价值；课程怎么做，呈现过程与细节；课程影响了谁，呈现反思和改变。

课程是什么

板块一　差异与标准

邓晓红：我发现一个很有意思的事，在大家写的课程故事当中有两个字几乎在我们这几个学校的课程中都出现过，一个是"润"，另一个是"花"。我想了解一下大家为什么会选择用"花"和"润"字，是基于什么样的思考？

毛小园：我先说说我们的"花"。我们学校的校徽是一朵七色花，学校的办学理念是"做最好的自己，助人成为最好的自己"。这个理念源自一个关于七色花的小故事，是关于我们帮助他人，同时也实现自我价值的一个很美好、很温暖的故事。在挖掘校徽背后的文化的时候，我们觉得它至少有两层含义：第一，七色花本身表达了多元的、包容的、开放的理念；第二，七色花包含生命成长的含义。

关于"润"，我觉得它更多体现的是教育的过程，一种润物细无声的过程。

邓晓红：七色花是你们学校的校徽图案，当时选花的工作是你主导的吗？

毛小园：那是集体的智慧吧。我来这所学校两年多，我们学校有一个"七色花美德育人"的德育品牌，是青岛市十佳德育品牌。之前七色花只是用作德育品牌的标志，但是在课程建设的过程中，我们深入挖掘了七色花的品牌内涵，在课程建构、教师队伍建设、学生评价体系中都体现了它的精神，所以我就跟全体教师、校务委员会一起研究，把校徽调整为七色花了。

邓晓红：你对花有什么特别的理解吗？你觉得它代表了一种什么特别的东西吗？

毛小园：就像一首歌里唱的"缤纷色彩闪出的美丽，是因它没有分开每种色彩"，我觉得花中有多元的、包容的、个性化的东西，另外每一种花都有不同的花期，所以我觉得花朵也象征生命成长的过程。

戴茜：我想接着谈一下我的想法，我2008年至2019年一直在青岛杭州路小学任职，2019年8月调入青岛长阳路小学，对原工作单位有深厚的感情，也有许多工作感受，所以我想更多地结合在青岛杭州路小学工作期间的一些感受来谈。青岛杭州路小学的办学理念是"让每个孩子都如花般精彩绽放"。当时定办学理念的过程也是不容易的，因为学校之前没有自己的特色属性。学校唯一的办学特色就是消防教育，内容上虽然比较单一，但这个特色却是几任校长多年延续下来的。当年，学校是咱们岛城第一所少年消防特色学校，延续至今有二十几年了。那么，如何在已有办学特色的基础上寻找学校新的生长点呢？我发现，随着咱们城市化建设的推进，越来越多的新市民子女来到了大城市。以我们学校为例，近83%都是新市民子女。而这些学生大多没有优越的家庭生活条件，没有开阔的学习视野，不够自信、不够阳光，城市归属感也不强。那么怎样才能使这些使来自五湖四海的学生尽快融入城市生活，经历一种由表及里的成长而变得充满阳光，更自信、更快乐呢？怎么让每个学生有自己的特色属性，更多地呈现出多元发展的样态呢？我们全体干部、教师经过几轮反反复复的讨论后，结合学校实际，最终提出了要从关注每个学生生命发展角度出发，立足尊重差异、尊重发展，确立了"让每个孩子如花般精彩绽放"的办学理念，也在此基础上提炼出了"童年如花"特色文化品牌。

刚才毛校长说了，每种花的花期不同，绽放的时间也不同，学生们的发展也不尽相同，我真的非常赞同这种说法。我认为小学老师就像不停播种的园丁，工作中，要耐得住辛苦，耐得住等待，因为"花期"可能会很长，因此我们更要有那种"花苞心态"来静待花开。说到这，让我想起去年学校的60年校庆。有一个毕业30多年的学生特意从澳大利亚回到母校。当年他可是全校闻名的顽皮学生，可是现在已是澳大利亚著名的中文男主持人。他说，正是因为小学老师的培养，他喜欢上了朗诵，才有了今天这份不错的工作。所以，当看到他的班主任时，他激动地与老师相拥，老师更是眼含热泪。真的，用我们老师自己的话说："我等你，等了30年！"所以，我们只有以"花苞心态"静待花开，才能让每个学生都成为散发独特魅力的花朵。

邓晓红：说得特别棒！

乔严平：我们学校开设了"百花课程"。我们学校是个村级学校，名字是青岛百盛希望小学，是2000年青岛百盛集团投资20万元建设而成的，然后就以"百盛"冠名至今。我2017年来到百盛小学，当时我们教育局要求所有的希望小学改名，不能是企业冠名，问我们改不改。我们说，因为这个名字已经用了很长时间了，我们周边的小区都叫百盛花园，饭店都是百盛某某餐饮部，"百盛"已经成为我们区域的一个名片，所以最好不要改名。如果我们要改的话，把"希望"去掉即可，就是胶西镇百盛小学。

所以我们立足"百盛"这两个字，提出"百花盛开，朵朵出彩"的办学特色。在此办学宗旨之下，我们提出"百花课程"，就是在国家课程的基础上，我们根据地方特色，设计属于城乡接合部的有特色的一些课程，比如草编、剪纸。

"百花课程"还通过色彩去体现，有声音的色彩，比如"器乐进课堂"所用乐器有竖笛、葫芦丝、巴乌等；还有眼睛看到的色彩，比如国画、水墨画、儿童画。

邱琳：我们用自然界三种现象来描述我校的课程群。一个就是时间固定、地点固定，但是时间很短的课程，我们叫它"水滴课程"。比如早读、午休，在这么短的时间内对学生进行的一些培养、训练，我们就取水滴石穿之意称之为"水滴课程"。我校也有"百花课程"。我们对一年级学生做了入学能力水平测试。通过测试我们看到学生的一些优势和短板。我们发现学生在运动与健康、语言能力、艺术素养方面有优势。为了强化优势，我们开设轮滑、鼓韵童年等课程；针对学生的短板，我们开发了一些课程，补齐短板，比如科技大咖秀、机器人等。这些课程时间固定、地点固定，我们称之为"百花课程"，就是取百花齐放，多姿多彩之意。我校还有一种课程叫"闪电课程"，在自然界当中闪电不常见，但是闪电来得突然，会发出巨大的能量。作为教育工作者，如果你能抓住突发事件、重大事件当中的很多教育的因素，那么你就能够给学生带来巨大的教育的能量。这就是我校的课程群当中的"水滴课程""百花课程""闪电课程"。

高彩霞：我们的课程名称是"花自开"。为何用"花"字，是有故事的。2013年的夏天，我来到夏庄小学，想得最多的是用什么来统领学校的全局工作，用什么凝聚起教师和学生的价值取向。最初，我想到抬头就见的大山，大山厚重、朴实、坚韧，可以以山的品格来培养学生。在和大家沟通中，我觉得"大山"过于具体化，过于凝重。我们细细研究夏庄小学的"夏"字，它的本义是古代汉民族自称，中国之人也，后来有了夏季之意，是万物生长最旺盛的季节。所以，夏小的文化首先是人的文化，于大自然中，取山的坚韧、水的智慧，着眼于培养学生的文化人格，拥山之德，怀水之志，心有文韵诗情，胸有苍生世界，灵魂中有中华民族的血脉流淌。我们的文化标志主体夏花，是由红、黄、蓝、黑、绿五色花朵组成的球形，有一抹绿地托起，象征我校犹如从地平线升起的朝阳，在教育沃土上不断升腾。几名抽象孩童手拉手围在一起，形成和谐的五彩花团，象征着学生灿烂的笑脸。结合中华传统文化的精髓，形成学校"有爱心、知礼仪、会学习、讲诚信、亲自然"的文化教育理念。我们倡导发展学生的个性，打造朝气蓬勃、快乐健康的多彩生活。我们的管理理念是绣好我们的"夏花"，绣好每一片花瓣，秀出多彩的人生。

我们的"花自开"课程理念是"春暖花自开"。给学生提供合适的"土壤""阳光""养料"，让学生自然地、不断地生长，就一定能绽放独特的美，就一定会夏花开满园。这就意味着，课程是温暖的滋养，是生命的场景，是个性的丰满。

王成广：我校的课程是"润童心"课程，课程理念就是通过多彩的课程润泽学生心灵。下面我以其中的一种课程——即墨柳腔校本课程为例具体谈一谈。因为即墨柳腔是我们即墨的传统文化瑰宝之一，它蕴藏着丰富的育人价值，所以我们给柳腔校本课程起的名字就是"柳腔润童心"。我们开发"柳腔润童心"课程的目标，不是把学生都培养成专业演员，而是通过课程的开发、实施，让学生通过读剧、观剧、编剧、演剧，在艺术方面、心理方面、道德素质方面等得到浸润。

我们的"柳腔润童心"课程，从2010年到现在走过了10年的历程，成绩也比较突出，学校柳腔社团学生排演的柳腔剧多次获奖。

我们学校借助"柳腔润童心"课程中的"润"字，提出了"润心灵，共成长"的理念，核心就是一个"润"字。我们的办学思路，就是要弘扬传统文化，回归教育本真，润泽师生心灵。我们开发的校本课程主要围绕传统文化，有武术、国画、象棋、中国舞、葫芦丝等，这些饱含营养的课程润泽了师生的心灵，让师生和谐共进、共同成长！

邓晓红：我们朝城路小学从（20世纪）90年代初就提出德润校园，我们一直在做文明习惯和行为习惯教育，形成了德润校园的建设体系，后来慢慢成为市南区的德润校园品牌，这是让我们骄傲的事情。我们培养学生所做的工作其实都是浸润，润物无声，我们用学校文化、教师教育、教师良好的道德品质，用课堂教学，用立德树人的课程、活动等来滋润学生的心田，影响学生的行为，最终达到让学生健康成长、成为最好的自己的目的。刚才大家的发言，其实都是在说我们要关注的培养对象、我们的育人目标，我们都不约而同地把学生当成必将盛开的花朵。大家还结合学校的特点进行课程建设。高彩霞校长从"夏"开始，结合学校的地理位置来创造课程，百盛小学结合自己学校的名字，毛校长结合前任校长提出来的七色花的故事，有传承，有深入。

大家用花来形容学生，其实都是在强调什么？是强调学生自我生长的力量！强调学生自我生长的力量的时候，对教育力量大家怎么强调的？强调润，润是滋润，是学校给学生氛围。

全国用"花"来命名课程的学校非常多，我觉得"花"很符合小学生的特点。我们的课程是做给谁的？是做给学生的。我们的课程理念是需要让学生接受的，我们的课程不是教育者自说自话，而是我们和学生用润的方式互相影响，彼此润泽。

戴茜：其实，最初因为杭州路小学的特色是消防教育，所以我们在做学校文化的时候将学校核心文化定位在了"生命教育"。可是，在进行意见征询的时候，大家觉得这个理念太大，而且感觉过于沉重，应该把抽象的理念具体化、形象化，更贴近学生，所以最后我们就把生命教育办学特色调整为"童年如花"。

邓晓红：花其实就是生命。它蕴含着成长的过程、成长的力量。其实理念不需要特别多，但是怎样结合教育的本真，结合学生的特点，结合学校的历史和发展，提出适合学校的理念，能让老师接受，让学生接受，可能需要校长的智慧。

王成广：刚才邓校长说课程是做给学生看的，真是这样。我们即墨柳腔，实际上有些人真的听不懂，因为它的语言用的是即墨方言，你如果不看字幕的话，有些你真听不明白。所以有人就问我：柳腔进校园，小学生听得懂吗？我们就是从学生出发，用柳腔的调，选择一些适合学生的内容进行改编。比如，我们排演了柳腔剧《司马光砸缸》，学生很愿意看。还有我们根据柳腔传统经典剧《墙头记》，结合学生实际编排了适合学生看的柳腔剧《新墙头记》，学生很喜欢看。我校每年举行校园戏剧节，2019年学校一、二、三年级每个班都排演了柳腔剧《司马光砸缸》，四、五、六年级每个班排演了柳腔剧《新墙头记》，学生的积极性很高！我印象很深，有个小男孩胖乎乎的，他那天穿着柳腔服装在阶梯教室坐着，准备上台展示他们班排演的《新墙头记》，他那种发自内心的兴奋和自豪都表现在胖乎乎的笑脸上。他看到我高兴地说："校长，我也是明星了！班里的同学都说我演得好！过会儿我们班演的时候您一定要看！"从他的表情和话中我感觉他真的很幸福，真的像盛开的花儿！所以，课程真的是做给学生的，只要有这个理念，课程发展之路肯定会越来越宽广！

邓晓红：对！我们大家共同的理念都在强调学生的自我生长，强调教育的力量是润泽，是帮助。所以接下来有一个不太好回答的问题，我们强调尊重差异，尊重多元，又要有教育统一性的要求。大家在课程设置的过程中、教学的过程中、管理的过程中，怎么把握和感知这个"度"的？

邱琳：我做过一个统计，在学校中国家课程占到了93.33%，校本课程占6.67%。我们落实这些课程最终要有一个目标，这一个目标其实就是对学生核心素养的培养。核心素养包括六个维度，即人文底蕴、科学精神、学会学习、健康生活、责任担当、实践创新。根据这六个维度，我们对学校培养出来的500多个学生，提出了一个培养目标，就是做心胸宽广、体魄强健、志向远大、勇于实践、善于创新、敢于担当的海式少年。在落实课程的时候，我想国家课程代表了国家的意志，体现了党的教育方针，我们要按照党的教育方针来培养学生，那么课程一定要守正，一定要固本。

但是国家的课程在学校实施的时候可以校本化。然后我们再优化、创新，开发好自己的校本课程。我刚才提到了，我给学生做过学生入学能力水平测试，还做过学生家长的教养方式问卷调查。对学生和家长全面、充分的了解给我校国家课程的校本化和开发学校的校本课程提供了依据。校本课程刚才我说到了，其实只要是在学校里发生的一切活动都可以作为课程，而校本课程承载着学校的特色。

我们通过优化、创新来推动国家课程和校本课程的融合，让校本课程成为国家课程的非常有效的补充。我们通过这些课程体现出学校的办学特色，从而达到对学生的培养目标。

毛小园：我谈谈我的认识。校长在办学的过程中，怎样能够既符合国家、区域的统一的要求，又符合学校的实际和学生发展的实际。

我们学校是公办学校，不是私立学校，也不是国际学校。首先我们对自己学校的定位要准，就是说大家可以百花齐放，可以殊途同归，但绝对不能南辕北辙。大家可以不走相同的路，但最终的目标是一致的，这个目标就是关于"培养什么样的人，为谁培养人，怎样培养人"的问题。

就说这些学生，他们既是国家的公民，也属于他们自己。如果把学生成长的目的定为为国家、为社会做贡献，是忽视个人需求的。各个学校的课程建设的目标、内容、形式、路径都各不相同。但是要想实现大的目标，选择合适的方法才是最好的。像邱校长谈到她来学校，先摸底，这要依托大数据，如果不真的去了解，就不会知道学生到底需要什么。

比如，关于提高学生体能和体质的项目，在我们这西部学区，排球是特色，在有的学校可能羽毛球或者冰雪项目是特色。体育课上，许多不同的项目都可以让学生强健体魄，都可以提高学生的心肺功能，身体的协调性、灵活性、柔韧性，而项目是根据学校特点、老师与学生的实际情况选择出来的。

高彩霞：我谈谈我的认识。合适的教育就是最好的教育。我们一直在谈，学校教育要能够为每一类甚至每一个学生提供合适的教育，每一个学生的选择都能得到尊重，每一个学生的成长都有合适的平台。可是要如何做呢？我觉得核心是学校一定要精准定位，尊重国家课程在学生成长中的主体地位，要依据课程标准把握每一学段学生要达成的知识目标和核心素养。同时我们也清楚地看到，国家课程是基础课程，无法满足所有学生的需要，因此学校要在国家课程校本化和社团活动课程化上下功夫。课程的开发是一个过程，不可盲目，不可一味模仿，要尊重学校的发展历史，尊重学生的发展规律，尊重教师意愿，还要尊重家长的意见。2013 年，我来到夏小，那时在我的学校管理架构体系里，还没建立起国家课程和校本课程的清晰联系。最初我只是用手里的资源为学生开设特色课，如陶艺等动手操作性的课程。慢慢地，我找到国家课程和校本课程的连接点，到现在比较清晰地理解"国家课程校本化"的概念。其实，用简单的话来说，国家课程要指向学生的学科关键素养，学校课程是国家课程的补充与完善，在实施过程中要用制度保障课程的统一性和多样化相结合，用选课走班的方式解决国家课程统一性之下个性化选择的问题，用丰富的校本课程满足学生的个性化发展需求，用社团活动拓展学生的视野，促进学生多元发展。

王成广：我说说融合。我们学校在确保开齐并努力上好国家课程的前提下，开展校本课程。我们学校还把校本课程适当地与国家课程进行融合，这样互相补充、互相促进，达到 1+1>2 的效果。如柳腔课程学习，我们引导音乐教师在学习音乐国家课程的戏曲内容时适时地把柳腔加进去，丰富了学生的戏剧知识，增强了学生对家乡的认同感和自豪感。我们引导美术教师结合美术课学习，把柳腔剧中的人物服饰、颜色、搭配适时地加进去，美术教师还开展了"童心绘柳腔"活动，收到了很好的效果。我们还引导道德与法制课教师，结合学习内容，把柳腔剧中的道德、法制内容加进课程，如《墙头记》中的孝老爱亲内容，一方面提高了学生道德素质，另一方面加深了学生对柳腔剧的理解。所以我觉得融合是国家课程、地方课程、校本课程更好地实施的一种有效方式。

乔严平：我接着王校长说。我认为国家课程是基础，校本课程很大一方面就是从国家课程延伸出来的，比如，我们各个社团活动的内容很多来自国家课程，有体育的、音乐的，尤其是综合实践里的剪纸等，无非把一个单元扩大化，把一个单元作为一门课程进行研究。

从育人的角度来说，国家课程是全面育人，校本课程是专业育人，像非物质文化遗产，只靠国家课程肯定不能传承下去。比如即墨柳腔，我们胶州的茂腔，还有秧歌，如果只想依靠国家课程的音乐课，它们肯定传承不下去，仅靠我们学校的本地的老师也可能传承不下去，必须依托校本课程，依托社会教育资源，让这些传承人到我们学校进行校本课程的授课，这样才能传承下去。

戴茜：刚才各位校长谈了很多，让我深受启发。我也认为国家课程是核心，是基础。学校课程，应该以这个核心为基点，对国家课程再拓展，它应该成为学生多元发展和个性发展的重要载体。当然，我也认为课程必须基于学生成长的需要，基于家长对孩子的期盼。基于这个想法，我们长阳路小学在做课程规划的时候，在家长中做了一些前置性调研。我们将调研结果整理归类后，发现大部分家长共同提到了一点，就是希望自己的孩子长大后可以自食其力，会生活，能适应当下这个飞速发展的社会。所以，基于家长对孩子成长的期盼，围绕国家提出的学生核心六素养，我们构建了尊重生命发展、培养生活素养、适合学生发展的"花儿朵朵开"课程体系，具体为从公民素养、语言素养、科学素养、艺体素养四大方面出发，将国家课程体系横向分为四个方面，分别对应道德与法制、综合实践；语文、英语；数学、科技；音乐、美术、体育学科。同时从纵向底层到顶层分别是常规课程、学科拓展课程、节庆仪式课程和成长实践课程。我们通过纵横交错、相互融通与渗透，实现对学生四大素养的培养与发展，以此支撑学生个性化成长和发展的需要，为学生和谐、全面、多元发展播散种子，奠定基础。

邓晓红：我觉得我们的课程其实经历了一个阶段，比如，最早国家课程就是整齐划一的，我们没有改造、将课程地方化或本校化的权力，我们也没有这样的课时，后来慢慢地我们有了一些空间和责任，才开始有地方课程，有校本课程。慢慢地我们开发了很多这样的课程，我们开始认识到这就叫校本课程，后来又把"校本"二字换位，叫本校课程。那本校课程包含什么？

第一，本校课程包含大部分国家课程。学校教育应满足学生的成长需求。学生在每个年龄段必须要学习的东西，国家课程可满足。我们的学校教育承载着国家的大的教育方针，为国家培养社会主义合格的建设者和接班人。国家用课程标准和国家教材来贯彻、实施国家的培养方针，所以在本校课程当中国家课程就占了非常大的比例。

第二，本校课程还包括本校的特色课程。我们可以尽可能地让特色课程丰富、多元，满足不同学生的发展需要和个性需求，所以在学校的课程建设中，课程一般是多维、多元的。

这些多维、多元的课程，有的学校可能有上百门课，这些都是为满足学生的选择的需要和自我发展的需求而开设的。个性化教育是一种永恒的追求，只能无限接近，很难达到。我们还需要通过大数据，更精准地分析，然后做课程评价和课程管理，而且不只是在面上评估和衡量，还需要具体到每一个学生身上精准评价，才能真正尊重差异、满足需求。

板块二 传统与现代

邓晓红：刚才校长们在谈到对标准和差异的把握时，也都谈到了我们之前想要提的一个问题，就是文化认同和国家认同，这是传统。我们发现今天的社会有很大的变化，我们的生活方式在发生变化，手机和其他智能设备让我们感知到这一点。以前我们觉得学生必须学英语，但现在有了智能翻译机，他们即使不熟练掌握英语也能够达到交流的目的，那我们的教育是不是也可以有所改变呢？我们应该怎样通过课程引导学生感知和思考现在的社会？什么样的课程是适应这样的新的要求的？

邱琳：我先说。刚才我谈到我们学校的三类课程，有一类"闪电课程"，这类课程上课场所、人员、时间都不是固定的。

你问怎么落实，怎么样使学生跟上时代，我觉得校长应该有大教育观，实际上整个社会有很多教育资源，就看校长能不能捕捉到。

我举个例子：2017年青岛国际马拉松赛（简称"青马"），这件事情我们"捕捉"到了。"青马"比赛的西部折返点，就是我们学校外头那条无名路。那条路实际上就是我们学校墙外的一条小路，没有名字，就叫"八大峡小学东侧的无名路"。我一看国际的比赛到了我们学校门口了，我不利用这个机会就是太傻了，太说不过去了。然后我跟领导说我要做宣传，比如，在门口挂挂横幅。要让"闪电课程"深入人心，我们采取了这么四步：第一，让学生先了解一下什么是马拉松比赛，有哪些故事，了解马拉松的线路，这是让学生做小研究员；第二，让学生做小宣传员，要让老百姓知道在马拉松比赛的时间段里很多道路要封闭，要让老百姓理解，还要宣传怎样文明观看比赛，等等；第三，让学生做小啦啦队员，到现场观看比赛，为比赛加油；第四，让学生做小马拉松队员，在学校外的最美赛道上，把马拉松的长度缩短，让学生都出来跑一跑。通过这样的"闪电课程"，学生对体育运动有了充分的认识，又亲身参与，培养了热爱运动的情感。所以我觉得这个"闪电课程"抓得好，起到了很好的教育效果。

另外大家知道有一个公交车坠江的事故，有一位中年妇女抢夺方向盘，结果使公交车坠江了。我们学校每周一次的德育大课上，老师把这个例子讲给学生听，学生很沉痛，又痛惜又难过。老师就引导学生，怎样能够不做这样的人，怎样控制自己的情绪。

我举这么两个小例子，就是想说学校有培养目标，落实有方法，课程是抓手。

邓晓红：那个"闪电课程"，就是抓住教育契机生成的一种课程。

邱琳：抓教育契机靠教育者的智慧。今天下雨，有的人打把伞，有人说下雨了，雨中景色怎样怎样，看个人的理解。对学生进行哪方面的教育我们要选择好，也要抓住契机。

邓晓红：在"百花课程"当中，您觉得哪些是偏传统的，哪些是偏把握新的教育趋势或者新的特色的？

邱琳：关于艺术这一方面，通常学校开舞蹈课，而我们学校开的是形体课。形体课是最基础的。我们为什么要抓形体，先不练舞蹈呢？因为我们的学生有2/3是外来务工者的孩子，水平参差不齐，练舞蹈有点难，练形体比较合适，也能起规范作用。我们有一门叫"鼓韵童年"的特色课程，主要是练最基本的节奏，没有音高音低，但是又非常长士气。尽管这是非常简单的课，而且只能在学校练，但是学生很喜欢。在2018年青岛市班级器乐比赛当中，我校五年级二班就是用鼓结合着朗诵，获得了全市的一等奖。我们觉得非常自豪，因为我们用有限的资源结合本校特色的鼓打出了我们的气势。这就是我要说的。

毛小园：我觉得要通过课程，让学生与世界发生关联，与生活发生关联。将来他们是要生存与生活，要服务于我们的世界的。刚才邓校长给我们提的问题，就是让学生在课程当中感受到时代的变化。为什么要通过课程？因为学生的大多数的成长环境在学校里，但是我们不能把学生的思想和眼界禁锢于学校里，所以我们要通过课程，让学生与世界发生关联。我们刚当老师那会儿手写幻灯片，手刻钢板，现在已经从幻灯片变成了实物投影或希沃白板，我们要能够跟得上时代的步伐，对于新的技术、新的设备，校长要敢用。

现在辅导班从天天跑出去上课变成在家里上，原来是讲究辅导班一对一上课或者上小课，现在网课一节课可以教2000多个人，但是学生足不出户。我觉得这就是技术给教育带来的变革。从学习的内容和素材的选择上，课本是固定的，但素材不是固定的。像数学学科，青岛市做了很多年生活化素材，为什么？因为学生要能用数学知识解决实际生活中的问题。这些是日常的素材，还有刚才邱校长说的热点新闻也是很好的素材。现在高空抛物伤人要定罪了，是不是？我觉得作为教育者要敏感地捕捉到我们生活中所有有教育价值的东西，既可以把它们放到国家课程里，也可以放到德育课程里。我们不仅要让学生感受到时代的变化和进步，还要让他们了解巨变中存在的矛盾和冲突。

在这种冲突里，人的内心是要撕裂的，我们要告诉学生什么是对的，什么是错的。

另外，我们对老师的教育能不能也有新的素材？讲师德有没有新素材？我们在老师的培训当中有没有新方式？老师的学习空间能不能发生变化？我们的工作室成员也可以多多出去走走、看看，看看更先进与发达的教育。

邓晓红：你们学校的课程哪个门类是紧跟时代特色的？

毛小园：门类比较多。学校对选修课是一学年一调整的。紧跟时代特色的有涉及3D打印、机器人、编程、无人机的课程。可能五年之前只有极个别的学校有这样的课，但是现在很多校长意识到了，就把这些新的科技引进学校的选修课程里。

高彩霞：我们学校通过课程建设，让种子文化的精神融入每一个师生的心里，尤其近几年来，我们一直都在探索和实践基于地域文化的课程建设，因为国家提倡要传承中华传统文化。夏庄小学坐落在崂山西麓，这在二三十年前就是青岛的"菜篮子"生产基地，在历史上这个地方出现过高度繁荣的农耕文明。这片土地上还有着非常丰富的非物质文化遗产，都是世世代代传承下来的。在城市化的进程中，我们所在的夏庄已经从青岛的"菜篮子"生产基地变成了今天的南北交通大枢纽。我们的学生也不再是菜农的孩子，他们是"拆二代""拆三代"，学生们和家长们都有着寻求家园的焦虑和面对未来的迷茫，所以我们认为有必要为他们做适当的心理建设，以面对未来的挑战。我们在学校的课程建设上特别关注的是与地域文化的整合，开发了一系列特色课程，通俗地来说是"一园三馆"。"一园"就是学校的校园生态园。"三馆"就是学校建的崂山传说馆、百年校史馆和菜篮子美术馆。

刚才我提到的"一园三馆"既是课程资源，又是我们的课程成果。农业生态园，作为青岛的"菜篮子"生产基地，是学生们最喜欢的地方。这里有播种、耕耘、采摘等农事活动的体验，还有义卖活动。我们用学生们的果蔬义卖款专门成立了一个"小种子爱心基金"，让学生自己打理，用于帮助那些需要帮助的人。学生用第一批爱心基金认领了"爱心公益同心圆"的一个微心愿。去年兄弟学校有一个学生生了重病，在朋友圈众筹医药费，我们的"夏朵儿爱心基金"送去了3000元。这些活动让学生们体验到劳动的价值和帮助别人的快乐。学校的菜篮子美术馆里面有非常丰富的内容。这里的"菜篮子"有各种创意和设计，有各种不同的材料，还有会亮灯的，接下来我们要做的是3D打印的"菜篮子"。学生们还编写了口袋书《你是我的菜》，里面介绍的是蔬菜的营养、做法及食疗。每篇文章后有二维码，读者扫一下，就可以看到学生们采访身边的菜农的视频。一年级开展了以蔬菜为主题的亲子运动会，每个班级都以蔬菜来命名，学生们和家长们一起进行农事比赛。

我们还把地域文化课程和学科教学进行整合，比如，我们在基础性的课程教学中融入了地域文化的要素，开展了全校性的"可爱的青菜"诵读比赛活动，在数学学科中我们设计了了解家乡作业，给每个年级设计不同的难度，让学生们结合平面图形的学习，去测量、绘制家乡的平面图。

学校还有很多非遗社团，有体育运动类的，如踢毽子、抖空竹、射箭，还有一些地方曲艺类的，也有一些手工艺术类的，如扎染、根雕。我们把地域文化的课程建设和学生们的特长发展结合起来，非遗舞蹈的节目连续两年获得城阳区原创舞蹈的一等奖。

刚才我提到那么多丰富的内容，我们力图探索一些新的学习方式，如研究性学习、体验式学习和操作性学习，在学习环境上也突破了传统教学单一的课堂，实现了课内课外、校内校外的空间拓展。我们要让学生的学习情境和真实的生活情境相联系，把学生的学习世界和生活世界有机地结合起来。

戴茜：下面，我想围绕刚才邓校长提到的，"如何让学校课程能够紧跟时代的发展，能够适应现在社会的新样态"这个话题，谈谈我的一些想法。对于这个话题，我的理解是在学校课程架构中，应该既有传统性课程，也有发展性课程。传统性课程刚才几位校长都谈到过，所以我在这就不多谈了。那么，怎么理解发展性课程呢？我认为，发展性课程应该是动态的，应该是具有生命力的。要想让课程更具生命力和活力，就应该让课程小而活，近而实。所以，我非常赞同刚才邱校长提到的他们学校开展的那种"闪电课程"。不过，这对教育工作者来说要求很高，因为这需要我们及时捕捉到一些瞬间的教育契机，才能把一个个很小的活动及时延伸出来，学生们喜欢的课程才能自然形成。

说到这，我想举个小事例。我们学校接待室中有一个很大的鱼缸。鱼缸里有12尾红彤彤的鹦鹉鱼，还有一尾小黑鱼，别名"清洁工"。让我奇怪的是，每天中午都有一个小姑娘（雨萱）来接待室看鱼。一开始我以为她被那群漂亮的鹦鹉鱼所吸引，后来，我才知道最吸引、最打动她的是小黑鱼。当我问她为什么喜欢其貌不扬的小黑鱼时，她告诉我："别看它又小又丑，可是就因为它，这个鱼缸才这么干净、漂亮，所以我喜欢它。"后来，因为有几天我忘记喂鱼食了，双休日后我回来一看，小黑鱼牺牲了。后来我才知道，别看鹦鹉鱼很漂亮，却是食肉鱼。所以，课间的时候我先找到了那个女孩。我说："雨萱，很抱歉，由于我没按时喂食，你喜欢的小黑鱼被其他鱼吃掉了。"她一听很难过，眼泪汪汪地对我说："怎么会这样呢？那些鹦鹉鱼为什么欺负小黑鱼？为什么要吃它？"于是，我把鹦鹉鱼的习性告诉了雨萱。结果她又对我说："校长，我还想去看看小黑鱼，因为我想把小黑鱼的骨头捞出来，给它举行一个葬礼。"当时，我就想她是多么感性的一个孩子啊！同时，我又想到孩子们对自然科学的喜爱和对生命的敬畏。于是，后来我们在校园中开辟了"亲亲自然生态园"，并建立了"亲自然"班本课程，每个班的学生都可以在生态园中亲近小动物，亲近各种植物，让他们的天性得到释放。我想，这种即时生成的，学生喜欢的课程应该就是现代课程的新样态。

王成广：我觉得选择一些弘扬时代精神、体现时代的价值的内容很重要。我还说我们的即墨柳腔课程。为什么我们要排演柳腔剧《司马光砸缸》，然后让学生都去观看，观看后还要写一个小感悟，就是因为这里面体现了当今社会弘扬的担当精神。一个孩子落水了，其他孩子又急又怕，没有办法，司马光必须迅速想出一个办法来解救小伙伴，这里面有担当的问题，还有机智、勇敢，所以我觉得这尽管是个传统的故事，但体现了我们新时代一直弘扬的精神。其实，很多传统柳腔剧中都有一些现代社会弘扬的社会价值，柳腔剧《新墙头记》弘扬的是孝老爱亲，《家风》弘扬的是诚信无价，《状元与乞丐》弘扬的是不畏天命、自立自强。我觉得选择能体现我们时代价值的内容，这一点很重要。

乔严平：我们学校作为一个村级学校，对于社会的变迁、生活方式的改善所带来的教育上的变化感受是比较深的。首先从硬件上来说，1997年我参加工作的时候，那时的操场就是用砖圈起的一个圈，没有硬化路面。上体育课时，经常尘土飞扬，下雨或下雪之后更是不能上课。老师们基本上都是包班。全班一天所有的课都是一个老师上，那时候老师什么课都能教。那时候的学生，现在已经成长为学生家长，他们的孩子现在正在上小学，所以说这些家长从思想上就感受到孩子现在很幸福。

我们学校的课程包括一些传统文化课程，比如草编。我们利用秋收，让学生收集玉米秆，用玉米秆的皮和芯穿插做成小玩具、小工艺品。我们设立这么一门课程，请一些有特长的家长到学校来上课，学生很喜欢。这就是立足于乡土文化，就地取材，变废为宝。

我们学校开展"器乐进课堂"，老师在音乐课上进行器乐教学，如竖笛、葫芦丝、巴乌的教学。学生经过长期学习和练习，回家向家长展示，家长都会觉得还不错，就会想，自己小时候连歌都不会唱，而孩子会识谱，会唱谱，还会演奏，变化真的很大。

因为青岛市、胶州市每年都会组织航模比赛，所以我们学校也创建了创客、航模社团。学生家长从淘宝上购买了一些器材，学校也统一购买了一部分。在社团活动时，由老师带领学生利用学校的器材进行训练，课后由家长陪着学生练习，这等于一个亲子活动，家长也很有感触：小时候他们用纸折个飞机玩就很高兴，现在的孩子可以直接操控着飞机上天。

还有一项就是阅读。现在提倡"全民阅读"，有的学生家长的思想仍然是学生只要把语文、数学学好就行了。所以我们通过推荐必读书目的形式，给家长们提出建议。另外，每个班级设有图书角，学校走廊设有开放阅览区，并且将图书室的图书进行"漂流"，多种形式促进学生进行大量阅读。我们还让学生把书借回家讲给爸爸、妈妈听，做亲子阅读活动，家长的观点也改变了很多。通过各种活动的开展，我们的农村家长们对课程的认识、对整个的教育的认识，都有了很大变化。

邓晓红：我听了大家的发言挺感慨的，随着时代的变化，课程也发生了变化。刚才乔校长说的，拿家长和现在的孩子对比，我看到了在家长当年是学生的时候，课程给家长身上所造成的烙印。

通过课程的变化可以看出祖国的发展变化，我有很深的感受，就是学生的素质真的是通过课程不断地提升。我觉得我们的国家特别有希望，希望在孩子身上，而教育工作者通过课程的提升在不断地实现学生素养的提升，这非常有价值。

前面我们讲过学校要培养社会主义的合格建设者和接班人，那么他们的成长就要和时代非常好地吻合起来。无论刚才乔校长说的结合核心素养来建设学校的课程，还是邱校长提到的用"闪电课程"进行德育，我觉得都是非常必要的。

时代在不断发展变化，我们现在大踏步地进入智能时代，经历了特别多的变革。但是确实像毛校长说的，我们的学校教育就目前来讲发生的变化还不大。把时代和个体的发展联系起来，我想这是我们教育工作者的使命，所以我非常同意毛校长说的，我们首先应把外在的环境下业态的变化、方式的变化引入学校当中，让学生有接触。大家都说我们的孩子是人工智能时代的"原住民"，我们都是"移民"，但我们作为成年人，比孩子能更快、更多、更全面地接触到、感受到时代的变化，我们可以用智能教育的方式给学生最直观的体验和启迪。

　　我们可以运用大数据做好让学生与时代联系的事，更好地帮助学生学会学习、提升能力，让学生更好地为未来储备知识与能力。在原来的学校我做了一个私有云学习平台，学习平台有备课系统、上课系统、评价反馈系统和家校互动系统，我们举全校之力，经过几年的时间，钻研教材，精准确定知识点，打磨每一节课，把所有积累的经验和素材融入云平台当中，云平台可以让前台老师在上课的过程当中，能够及时反馈，诊断错误。从最开始研发时，一个小时能上完一节课，到后来40分钟能上完一个小时的内容的课，课堂更高效而个性化了。三年后很多老师在上优质课的时候说："我要用电子书包来上课，因为它能更好地呈现我的教学理念和学生的学习效果。"这种新的学习方式，还是基于原有的知识点，只是知识点的学习更准确了、更牢固了，反馈更及时了。这种学习方式让老师和学生之间的教与学的行为更紧密了，也促进了老师的观念转变和学生学习样态的转变，以此为基点，打开了智慧教育的大门；以此为基点，学校的整体的教与学样态发生了大的变化。

　　私有云学习平台让我们推开了智慧教育的大门，发现了一个全新的教育世界和学习世界。我们又做了运动手环系统，来诊视学生的睡眠和健康，通过睡眠健康来指导学校的整体管理，比如减负、作业设置、班级文化、对家长的引导。我们还做了学校的图书管理系统——AR阅读系统。平台当中有800本书，每个年级都有指向自己的必读书目，所有图书都有线上电子图书，学生可以随时获取资源。学生读完后，后台随机出十道题，学生只要答对八道题，平台就认为该生读过这本书了，就可以在其学习记录单上记录下来。老师通过阅读每一本书，基于通识知识、阅读理解性的知识来出相应的检测题。老师可以把课内阅读的学习方法和课外阅读有效地打通，成为一个整体，最终指向学生的深厚的阅读，指向长远的发展。后面我们又研发了VR技术学习项目，基于数学、科学、海洋教育，用VR技术，让学生看到、了解到那些不好理解的、抽象的，不能真正出现在他们眼前的世界，比如天空、海洋，或者方位，VR技术让学生身临其境，又拓宽了老师的思维。

我们最早在2014年就做了学习窗。学习窗当中有书库，有班级展示、特色展示，有学习方法的指导、知识树、基于知识点的微视频学习库。学习应该是全时空的，是打破教室的壁垒和家校的壁垒的。用学习窗，学生只要想学习就可以运用资源进行学习，教育更多地成为一种服务。

我也非常同意刚才所有的校长所讲的，课程内容是需要与时俱进的。时代在发生变化，还导致人的心态、文化等方面的一些变化，这些变化有的时候是通过一些事件表现出来的，比如一带一路、上合组织这些大事等。我们通过学校的课程，把学生和国家、社会、时代联系起来，让他们通过课程更好地感知、评判、分析，然后获取一些规则或标准，让他们能够形成自己的思想。

社会的变化还反映在我们的交往方式上，我们的心态发生特别大的变化，那么我们不只是要在形式上、在内容上让学生去感知、接受、提前熟悉，还需要提前对接能够适应未来的行事方式。我觉得未来的行事方式是合作、共享、共赢，所以我们学校倡导全员导师制。每四个学生组成一个学习成长小组，在每个小组当中有一个老师导师、一个家长导师、一个大学生导师，每一个年级还有一个专家导师团，这些学生在班级层面和学校层面的任何活动、学习、评价中，都是一个成长发展共同体，形成一种紧密的联系。在共同体下，他们需要心往一处想，劲往一处使，学会沟通，学会倾听，学会合作，一起发展。学生在小的时候锻炼出了这样一种意识和习惯，知道怎样与人合作、达成共识，尊重合作者，那么他们将来走到社会上，就会形成这样一种意识和习惯，会让他们未来走得更顺一些。全员导师工作实行一年多以来，我已经看到了这种育人方式在学生中发挥的作用。比如在我校一年一度的手作节，在"爱我湾城"主题中，主材料是废旧的纸，展示了青岛海湾的主要景点，全校学生共同完成一个展品，每个四人合作小组来领任务，在大作品当中可能一个合作小组只领一棵"树"，但是这棵"树"是"爱我湾城"大作品的一个小点，是集体智慧的结果。小组四位成员在共同创作作品的过程中协作、不断创新，这当中还有妥协、沟通、倾听。我们还发布了手作节岗位任务，全校四到六年级的学生都可以竞争上岗。我们设计了十几个组，有会务组、宣传组、报道组、布展组、接待组等，根据组别任务进行专项培训，让这些学生的专长能在此次手作节中有所发展，不断形成他们的特长。我们认为学生是以长项立足社会的。手作节中所有学生在小的合作和大的合作中，基于不同的任务，独立和合作相统一，建立起了相生相长的生态，对于学生未来走向社会的意义更大。

我们要让学生感觉到课程的学习可以改变生活。昨天我看了一条消息，北京的一个学校的学生调查发现很多人不知道牛奶盒的垃圾分类，通过呼吁，他们终于让牛奶盒印上了"可回收垃圾"这几个字，他们觉得这是非常大的进展。

板块三　理想与现实

邓晓红：我们有这么多的想法，那么在我们做课程的过程中，在我们的想法落地的过程中，大家觉得最大的困难是什么？遇到了什么样的障碍？或者感到哪个部分有点力不从心，需要做一些什么样的提升和补充呢？

乔严平：对于我们学校来说，主要困难就是师资。现在我们学校为了解决大班额问题，分出了很多班，占用了很多专用室。最重要的还是缺少专业的老师。如果让家长来教的话，可以说他是义工，我们不需要支付费用。如果想聘请一些专业的老师来进行授课，我们就没有预算进行这方面的支付。我们想让名师走进我们学校给学生上课，但是没法支付费用。正常的生均经费不能用，只能用预算外经费，我们却又没有预算外经费。

王成广：我也感觉到主要的问题之一就是师资问题，特别是相对专业的校本课程的师资。为什么我们学校这几年即墨柳腔校本课程做得比较好，一方面是因为教研组长薛艳老师的努力，她对柳腔非常热爱，可以说达到痴迷的程度。她还善于学习和研究。在开发即墨柳腔校本课程的时候，她先自己上网找一些关于校本课程的材料，用她自己的话说，先看看怎么干，怎么能干好。学校及时成立了以她为骨干的开发团队，几经努力，最后在教研室相关领导的指导下，学校即墨柳腔校本课程获得青岛市小学精品校本课程。另一方面，我们与即墨柳腔剧团有深度合作。剧团的一些骨干演员，还有一些柳腔传承人等，到我们学校来授课，我们还派学生、老师到剧团去学习。但现在因为薛老师年龄比较大了，为使即墨柳腔校本课程能持续开展，学校需要柳腔专业老师。2019年我校去六所国家公费师范生院校招老师，区教育局特意给我们学校批了一个戏剧老师名额。但现在院校没有这个专业，招不到人，这是师资问题。另外我认为老师还要进一步提高把观念转化为行为的能力。刚才我听到邓校长借助私有云学习平台推开了智慧教育的大门，借助运动手环系统来诊视学生的睡眠和健康，借助学校的图书管理系统——AR阅读系统进行线上读书考核、评价，真是非常佩服。说实话，这些原来我校也想做，但由于种种困难就放下了。其实，做一件事，没有困难是不可能的！克服困难的过程就是提升观念、统一思想，进而开创工作新局面的过程！

戴茜：我认为在做课程过程中，老师对做课程这件事的认识程度，还有他们的专业化发展都是很重要的。有时候往往理想很丰满，现实却很骨感。老师们在团队课程意识和实施能力方面仍然存在很大差距。比如，目前学校存在结构性缺编的情况，两位音乐教师，一位是老教师，临近退休；一位是新教师，经验不足。这就意味着想要做足、做好学校的艺术教育课程，必须动脑筋，找资源，想办法，搭梯子。所以，在开设社团课时，我们从体育、艺术两个层面出发，确立了"动感啦啦操"课，并从最初的第三方机构入校上课到后来的学校艺术老师自己带学生，既实现了以培带训，又完成了课程建设。在这门课程开展的过程中，我们教师队伍的专业成长得到了长足的发展，他们从以前单一的课程执行者，成为现在课程实施的策划者、参与者、创生者。去年，由我校老师自己研发的"动感啦啦操"课程参加了区级精品课程的评选。同时，学校课程的推进还把关怀带给了每一位学生，他们在原有的基础上得到了不同程度的发展，更多的学生有机会、有实力站在更高的平台上精彩绽放。

高彩霞：学校的课程理念，必须得到老师的认同，并且转化为具体的行动，才能够实施下去。我觉得老师的课程意识非常重要，老师如果缺乏课程意识，就会感觉增加负担。因为有国家课程，还有考核，对他们来说压力很大，学校还要定期对他们开设的校本课程进行考核，他们觉得这是额外的工作。我们要让老师们切实感受到课程带给学生、带给自己的变化，把这种课程的理念内化成自己的实际行动，把"你要我做"变为"我自己要去做"。这些工作得适当借助外力，依靠课程专家的力量，要求专家到学校进行现场诊断和指导，给予老师们一种精神上的引领、策略上的指导，我觉得这是非常重要的。

邱琳：我经常说的一句话是哪壶开了提哪壶，就是你的学校有什么资源，你就开发什么资源，你就生成什么特色。我们学校有个从别的学校借调的老师，这位老师教音乐，就像教授一样，他确实是教授，从大学来的，因为课少就在教导处协助做文印。后来我了解到他原来是吹单簧管的，正好我们要开行进管乐课，我就问他让他教行进管乐行不行，他说行。我说："好，行进管乐交给你。"

我们学校行进管乐队于2018年3月组建，2018年6月参加了区比赛，9月参加了市比赛，从无到有，从有到优，2019年参加比赛，获区一等奖、市二等奖。我们学校的资源、师资、生源没法跟那些名校比，但是我们可以抓住特色，挖掘学校的特色，以特色立校。

邓晓红：刚才大家都提到关于经费的问题，的确，现在无论哪个区的学校都面临着经费的问题。所以发展是螺旋上升的，理想和现实之间永远会有距离，这是客观事实。但是大家是否想到，经费永远是不足的，无论经费提高到什么程度，因为老师永远是跟不上老百姓对教育的要求的，大家希望能够有更好的师资，有更好的教育质量。我们这些基层的校长其实就是一些实践家。实践家意味着我们要直面问题，思考哪些问题是最主要的，哪些问题要最先解决，这是我们这些校长们要做的事儿。

我到朝城路小学，也发现无论是国家课程的校本化实施，还是特质课程、特需课程的实施，因为经费不足、没有专业的师资等举步维艰。不做了吗？那是不可能的，我想对于老师的课程意识和课程能力的培养，需要徐徐图之，需要设定一些目标，列在计划当中。

我们先从国家课程着手，既然国家课程有标准和教材，那么我就利用国家课程来培养老师的课程意识和能力。我们不允许老师就课论课地教，就教材论教材地教，要把标准、教材基于新高考、新课改、新课标，整体性地来看待。当这样整体性地来看待的时候，老师就从教材当中跳出来，看教材是怎么编的，教材里的知识点和能力点是什么，要让学生达成什么目标，用什么方法来达成目标，老师怎样评价。这不就是课程吗？

2017年这项工作刚开始的时候，老师说不会上课了，"难道我一课一课地教不对了吗？我不会教了，我不知道该怎么办了。"这非常真实。我们找一个综合实力突出的年级组，干部和老师一起研究，怎样选课，怎样选单元，怎样选主题，怎样梳理课标，怎样确定内容，用什么方式把教和学作为一个整体，怎样确定这一个学科的核心概念和关键能力，用什么样的方式去表达、落实。在研究的过程中老师把原来的备课全推翻了。

经过一年多的时间，老师就把眼光从单纯的一课转移到了整体的知识体系，也就是说知识和能力的发展，在老师心中成为一个整体，这是大整体的意识，老师在具体的课时教学当中有了小整体的意识，目标、过程、方法就成为一个互动融通、彼此联系的整体。在研究的过程中，老师的课程意识、独立架构和建设课程的能力得到提升。老师有了这种课程意识和建设课程的能力，慢慢地就成为课程的实践者和有用的人才。课程能力是可以迁移的，可以迁移到其他的学科，迁移到老师要开发的社团。无论是着眼于我们现在经费不足的情况，还是着眼于学校和老师的长远发展，我想都要提升老师的这种基础的能力。

还有一点，老师群体是特别上进的群体，老师能够做两分的，绝不做成一分。老师是希望得到肯定、尊重、鼓励的，可能一开始他不自信，但是确定了方向以后，在学校的帮助、支持下，在不断地做成一些事的过程当中，他的能力建立起来了，他的自信也就建立起来了。在进行"基于学科关键能力的整体性教学研究”近两年的时间里，我看到了我校老师身上所发生的变化，老师们出全国课一节、省课两节，市级优质课、公开课四节，有了市级精品课程，不仅鼓舞了出课老师，还鼓舞了整个教师群体。他们知道研究方向对了，干起来特别有信心，有干劲。管理样态也发生了很大的变化。老师们在研发课程、研究整体性教学的过程当中，自发形成了研究组织，自己定目标，设计步骤，形成了一种自我管理样态，慢慢地就成了一种基层的管理模式，甚至形成了一种基层的管理文化。

我们依靠自己，依靠我们内生的力量，提升了课堂的品质和课程的品质，从而提升了我们学校的办学品质。

当然有一些课程确实非常专业，比如柳腔课程，这就需要用邱校长的方式，哪壶开了提哪壶，有专业的老师，就开课；没有专业的老师也别硬上。

毛小园：学校自己的老师，虽然高学历的年轻老师比较多，但他们都还在培养中，而且他们确实是专业有局限性，所以研发课程想完全依靠老师，确实很难。我们可以请外援和专家，术业有专攻嘛。学校没有必要给所有课程都配上专职在岗的人，这是人力资源和经济上的极大浪费。

关于学校课程的开发，我觉得国家课程的校本化应该是最重要的一部分。选修课也好，社团课也好，它们确实只是国家课程的补充。我们的学校是公办学校，我觉得最重要的是把国家课程校本化这件事做好。

国家课程校本化，可能不用花太多的钱，不用请那么多专家。学校请来一个专家，专家也不能长期在学校上课，他们给学生普及点理念，点拨点拨，指导指导，指导完了还得自己的老师继续授课。把我们现有的老师培养好才是学校未来最大的一个生长点。归根结底，课程本身是学校最有力量的那一部分，但这一部分力量是我们自己的学校赋予的。学校把自己的老师培养好是关键。我认为接下来应该把国家课程校本化的事好好研究研究，特别是关于课程的评价的问题。

不管是对学生的评价、对老师的评价、对课程的评价，还是对学校的评价，都很难做，但是又非常重要。评价要做，它对技术的要求很高，需要我们继续研究。

课程怎么做

邓晓红：课程怎么做？关于国家课程的校本化，大家在做校本课程的时候，有没有对国家课程做相应的处理？怎么处理？学校有哪些具体的要求，或者给老师提供了什么样的具体标准，大家能具体讲一下吗？

邱琳：我以综合实践学科为例，从综合实践学科的性质和目标看，它与STEAM课程有较高的契合度。师资，是实现培养目标的首要环节。我校着力打造能够胜任综合教学的教师团队。在老师的培养上，我们树立"全科"意识，一人双科，校级集备教研全部参与，区教研以主带辅，教法迁移、互通。综合实践组的四位老师都是教学能手，其中两位还是"双能手"。老师的视野拓宽，能力增强，更有助于提高课程质量。

老师充分借助电子书包，为学生提供资源。学生通过具有任务导向的学习活动，发现并提出问题。通过自主探究、合作、模拟实践等，学生感受学习过程，领悟学习方法，达成学习目标。教学的自主性、开放性、整合性使学生在学习过程中懂得如何在现实生活中将所学知识学以致用，培养了学生的批判性思维、团队合作能力、决策能力等。

语文学科老师着力研究目标定位与核心素养的联系，实现

"知识本位"到"素养立意"的转变，分学段落实培养目标。

例如阅读积累方面，学校对低年级学生从绘本阅读入手，激发学生的阅读兴趣。绘本创编给学生搭建了展示实践创造能力的平台，实现了美术与语文学科的整合，学生的语言能力不断提高。

老师对中年级学生推荐适合的阅读书目。学校开展图书漂流、编排课本剧等活动，加强学生语言文字积累，提高学生的表达能力。

高年级的学生开始尝试文言文阅读。老师除了上好导读课、交流课之外，还借助电子书包、网络技术，把课外阅读与现代信息技术结合起来。网络阅读、网络分享、网络评价等阅读方式的变革，进一步提升了学生的综合能力。

针对学生的核心素养，我校结合国家的要求、党的教育方针、我们学校的特色开展了"五育"：德育、体育、美育、海育、合育，海育就是海洋教育，合育就是家庭教育与学校形成教育合力。这"五育"，我们用"五节""两季"来落实。"五节"是4月的体育节、5月的艺术节、10月的科技节、11月的诚信节、12月的教学节。关于"两季"，每年7—9月，是学生的读书季；每年的1—3月是我校的传统文化活动季。我们用"五节""两季"循序渐进地落实国家的教育要求，实现培养目标。比如我们在德育节对学生提一些要求，在下一年的德育节再提新的要求，循序渐进，一点一点往前进。

邓晓红：我觉得刚才邱校长的角度特别好，我们先理解问题，然后去挖掘它的深度，就会对我们特别有启发。

王成广：国家课程校本化还可以结合学校的一些优势或者弱势，有重点地开展。比如，我们学校的数学学科教学这几年做得比较好。在学生层面，我校每年都举行数学节，组织学生讲数学家的故事，办数学手抄报比赛等。在老师层面，我校举行数学教师论坛等，这些活动不仅把我校数学学科的优势继续保持下去，还把提升学生数学学科素养落到实处。关于弱势，我们发现学生的写字水平不高，就围绕写字开展相关的活动，比如，让学生描红、开展写字节活动。学生每个月要出一份习字作品展示，展示之后要把作品放到自己的档案袋里面，这样引导学生对比自己这个月与上个月相比有没有进步。小课程较好地促进了学生写字水平的提高。我认为针对学校的优势和弱势，结合学校的实际情况能更有效地把国家课程校本化。

邓晓红：我说说国家课程。

第一，我刚才说到了，我在朝城路小学所做的国家课程，指向学科关键能力的整体性教学研究，先梳理学生必须要掌握的指向未来发展的最关键的能力，然后建立基于关键能力的知识点体系。

第二，从目标、方法、过程评价、教学等方面设计整体教学模式。这样的设计是有好处的，老师真正地从整体看待教学，学生整体的学业质量、老师的课程意识、构建课程的能力都得到了稳步的提升，让国家课程的落地有了扎实的基础。

第三，国家课程的实施要基于课程标准，不仅基于文本，还要基于课程本身去考虑。我们可以建立基于学科的课程群，满足国家对于利用一个学科培养学生的素养和能力的需要。

比如，我们创设了语文学科的表达课程，既有书面的表达课程，又有文本的表达课程，让学生通过表达课程习得方法、夯实能力，让课程成为课内、课外语文学习的有效连接体。

课程群还需要有很多丰富的东西。我还是以语文为例，当学生学到黄河时，老师可以带领学生深入了解与黄河相关的一些东西。老师针对黄河的文化、历史、地理，黄河中的鱼类，黄河筏子等做一些小课程的开发，就形成了基于表达的一个大的课程群。

课程群要和学科关键能力紧密结合。我们应结合学科内容，挖掘活泼的、灵动的、多元的素材，设计一些让学生有丰富体验的、提升学生学科能力的小课程，把同一学科的小课程组建成该学科的课程群。我觉得这就把国家课程比较好地落在了实处。我们利用学科节或大的节日活动，让学生巩固、完善所学的知识。像在手作节当中，我们的报道组、宣传组、接待组的工作都是对学生的表达素养的培养。

作为校长，我们要想好怎样实施国家课程，怎样丰富老师对国家课程的理解，然后通过老师的能力提升，提高学生的能力。

我还想补充一点我的思考。有一阵子我对于课程应该是简单的还是复杂的，是线性的还是立体的思考了很长时间。课程需要这么复杂吗？带着这个问题，我不断地看书，钟启泉教授的《课程的逻辑》给了我很好的启发。我慢慢地意识到，课程应该是复杂的、立体的，因为社会是复杂的，而我们培养的学生将来要适应社会的需要。社会的复杂性必然要求育人目标多元、过程多元、方式多元、内容多元、评价多元，而多元、多维、多角度必然使课程变得立体。

为使课程立体，我们应基于国家的标准和教材，把国家课程丰富化、完善化、延展化，让学生在有效的时间内能够获得更多的养分，从而能够更好地夯实能力，得到更好的发展，这是我现在对于课程的理解。

乔严平：邓校长说的对我很有启发。国家课程实际就是语文、数学、英语等。国家课程校本化，校本化其实就是一个学科的综合。《黄河象》这篇课文属于语文方面的内容，黄河的发源地、黄河象探究的过程又属于科学学科。两个学科的整合，让学生通过一课学习到综合的内容，也就等于构建了一个主题式综合课程，更利于学生接受。

毛小园：我们学校课程有三大类型，就是基础型课程、拓展型课程和探究型课程。基础型课程以国家课程为主，它主要的功能是促进学生基本素质的形成和发展，体现了国家对公民素质的基本要求。在基础型课程实施过程中，我们有"两个基于"，一个是基于课程标准，另一个是基于学生的发展需求。基于课程标准就是把课程标准校本化，然后细化为不同层次的目标，再把这些目标细化到各年段。对于学生发展需求，我们主要抓住"提质减负"这个点。我们学校是青岛市作业联盟学校。我们在校园网上建立了各个学科、各个年级的绿色作业超市，还设计了基于学生发展需求的自主作业、实践性作业等。

对于学科的综合主题活动，就像刚才邓校长说的，我们围绕一个主题，让各个学科参与，另外也结合区域的重点工作。市南区推进"以海明德十品行"活动，我们就把语文、美术、音乐确定为主要的实验学科，围绕"以海明德十品行"进行学科综合主题活动。语文组完成了对全学段的涉海主题的课文的梳理，撰写了跟主题相关的海洋实践活动的实施建议；然后组织学生编写"以海明德十品行"的童谣，组织了童谣大赛。我们让音乐学科、美术学科都参与进来，把区域的活动和学校的工作结合起来，避免教学是教学，活动是活动，造成我们的负担。

邓晓红：校本课程开发，相当于一种课程权力的下放。学校有了做课程开发的权力。在具体开发过程中，学校再把权力下放给老师。只有存在权力的下放，才有真正的校本课程，才真正体现了自下而上的课程变革。

在课程开发的过程中，我们有没有什么措施让老师感受到这种课程权，即课程是由他们做主的？在进行校本课程开发的过程中，有没有老师参与的课程方案的讨论？他们是怎么参与的？怎么体现老师的力量和价值？

邱琳：我们学校的老师开发了一门海况观察实践课，被评为

2019年青岛市精品课程。我们学校有一个海洋工作小组，小组里面有兼任科学老师的语文老师、兼任综合实践课老师的数学老师、同时教海洋课的英语老师，共六个人。海洋课程的研讨、开发，STEAM教育的推动，就是由这个小组进行的。小组是怎么产生的？我们根据老师的兴趣与爱好招募小组成员，进而组成了这个小组。我们学校老师少，人人都是多面手。有一位英语老师，我们发现他教海洋课也可以，就请他加入海洋工作小组。

海洋工作小组的老师研究海洋课内容。有的老师提出讲离岸流，避免像北京的双胞胎在青岛溺亡这样的事故，让学生学习一些自救知识。

老师们以写教案为基础，查找资料，编写教材。我们请专家审核材料、为老师们开阔思路。老师们按专家意见做了大量修改，付出很多心血，最后编写了海况观察实践课的两本书：一本是教师用书，是备课用的，资料全面；另一本是学生用书，很薄，像活动手册。

戴茜：杭州路小学的消防特色是贯穿了好多年的，因此，我们思考如何集中学校的优势力量，通过集体的智慧，打造一个校级课程研发的样板。我们建立了项目组，采用项目式管理的方式，通过招募，组建了"我与消防"课程研发组。当然，在这个过程中，学校也是"一颗红心，两手准备"，我们也提前挑选了一些有能力、有热情的老师，这样一个项目组就成立了。

项目组的老师编写了校本教材《我与消防》。在编写的过程中，他们从许多参考书中寻找素材，并参照《消防法》《中小学生消防安全教育读本》，也请了消防等方面的专业人士入校指导。最终，他们根据学生年龄特点，从了解消防器材、认识消防标志、学习消防技能、提高自护自救能力等方面入手进行了编写与完善。他们在编写中还融入了自我点评、伙伴互评等。当年，

"我与消防"被评为区级首届精品课程。

随后，为了使消防宣传教育工作更加贴近生活、贴近实际，努力实现"教育一个学生，带动一个家庭，影响整个社会"的工作目标，学校专门建立了校内消防教育阵地——"119消防教育宣传大篷车"。该阵地针对学生对消防知识的不同需求，开辟了消防宣传图片角、消防宣传资料阅览角、消防活动影像角、消防标志警示角、消防玩具角、消防器材展示角等。在体验参与角中，学生可参加由学校师生共同设计的融知识性、趣味性于一体的消防常识益智棋活动，还可参与消防知识有奖竞答，等等。

邓晓红：杭州路小学的消防教育是有专门课程，还是结合学校的日常的活动？

戴茜：有专门的消防教育课，在教材编好之后我们就在学校课程时间内组织学生学习了。

邓晓红：全校一到六年级都有不同层次的消防教育课吗？

戴茜：消防教育课是分低、中、高三个年段的。有时候老师也把一些内容融合到道德与法治学科教学中。除了上课之外，学校还组织了宣传消防的合唱团、舞蹈队、剧社等。因为作为消防特色学校，我们还承载着各种宣传任务，所以学生在消防这个舞台上也得到了很多锻炼。

邓晓红：你把课程基于消防这一个点建成了立体的学校课程，对吧？

戴茜：对的！

邓晓红：有多少老师参与消防教育？

戴茜：开始教材研发时，只有六个人，有学校领导、德育主任、大队辅导员，还有低、中、高年段的代表老师。后来教材编好之后，我们把消防教育结合学校各项教育教学工作全面推开了，基本上全员参与消防安全教育。

邓晓红：其实所有事物的发展都有规律。原来教育行政部门没有把那么多的课程权放给学校，上级运用提要求、下文件等方式主导很多事情。在2000年，我们作为校长，脑子里也根本没有课程的概念，只有国家教材。从2000年到现在，课改经过了这么多年，我们慢慢地知道课程是怎么回事了，我们的学校有了课程建设的能力。对于新事物我们都有这样一个逐步接受的过程。

许多学校的课程开发是从干部带着骨干老师干，到骨干老师带着一个团队或项目组做各项工作。团队或项目组成员包括骨干老师、专家、教研员，可能还有一些家长。在课程开发的流程上，学校要有大方向，老师能有自己的子课题，用课题研究的方式来开发课程是非常有效的方式，课程也可以成为一个课题。课程的研发需要大家一起研究，需要多方合力，不提倡单打独斗。

我对课程的研发还有一点心得。研发前的集中讨论非常重要，可以确定方向、确定目标、确定内容。我们要降低要求，不要让老师有特别大的畏难情绪。我们不要让老师直接做课程纲要，可以让他们做最拿手的教案，从这儿开始，慢慢提炼。还有，遵循计划—实施—总结—反思—完善计划这个流程特别重要。

2016年下半年，在我原来所在的学校青岛市实验小学，随着学校和学生的发展，我们选取了STEM课程这样一个研究方向。但是，当时STEM课程刚刚从国外引进，大家对STEM不是很清楚。

我们先要让老师理解STEM课程。我们广泛搜索，了解到广州的少年商学院是这方面的先行者，他们做基于信息技术的一些STEM课程的线上、线下的研究，通过模拟太空、未来城市、海底城市，给学生发布一些大的任务，用一些编程软件，让学生以个体和小组合作的学习方式，充分运用已学知识，发挥创意，完成任务，形成产品。我们就请他们到校做老师，并面对全校老师发布招募令，学校中有兴趣的信息技术老师、科学老师和美术老师形成了一个小型的研究团队，做了一个三天的培训课程，全校其他老师参与培训，真实体验了一个完整的STEM学习过程。这个过程给老师的思想带来了极大的震动。

老师们意识到STEM课程是一种整合性的学习，基于任务解决的学习带来的是学生的整体性的、全方位的能力提升，这种学习方式更多元、更全面、更整体，可以让学生更好地发展。

老师的思维转变了，我们就进入课程研发阶段。老师必然有很大的畏难情绪，我说："没关系，我们先引进课程。"我们引进了"风"和"感官系统"两门课程。全校所有老师分成两门大组，低年级的老师学习"风"，高年级老师学习"感官系统"。老师在专家的带领下，完整地体验了课程，知道了STEM课程是什么，怎么上，有什么效果。然后每个年级选取两个实验班，全校老师分成六个大组，形成六个STEM课程备课团队。每个团队研讨课程目标、内容、实施过程、管理评价细则，明确团队中每个人的职责，选出每个实验班上课老师。每个实验班有一位主课教师和一位辅助教师，其他团队成员担任观察员，每周选择一个下午，对学生进行STEM课程授课。授课后，六组备课团队集体复盘，总结研讨，完善教案，并进一步对下周的课进行备课。全校参与、团队合作、智慧共享，这些方式让老师们克服了畏难情绪，他们越来越大胆、自信。学生们的课堂表现也带给了老师们极大的鼓舞，那种自由的、直面问题、合作共赢的学习氛围极大地感染了他们。

老师们的热情高涨起来，主动提出研发STEM课程，我们就从一年级、二年级、六年级选取"入队课程""风筝课程""毕业课程"，从人文综合课程和数理创作课程的角度去研发。比如"风筝课程"，内容包括风筝的由来、风筝的历史、与风筝有关的诗词、风筝的作用、风筝的力学原理、风筝的制作和放飞。在这个过程中，老师们进一步研究了双师课堂的教学职责和模式，还研发了评价手册，把育人目标和具体课程、课堂学习结合起来。

课程原来只有国家课程，下放权力之后有了学校课程，以后如果学校再下放权力，就会有教师课程，可能还会有学生课程。当然学生课程不是由学生设计的课程，而是围绕学生而设计的。学生越来越凸显出来，就像我们最初的理念一样，要让学生"绽放"，让学生成长。

我们的学校有很多门类的课程，如何保证这些课程起整体的协调作用？学校是怎样进行推进的？怎么进行统筹？

毛小园：在整个课程建设过程中，我们的步骤是先梳理，再规划，然后推进、反思、再推进，有必要的时候可以再规划，进行进一步的修订。

我们做的第一件事就是着眼于目标整体规划，就是立足校情，定学生发展目标、教师发展目标、学校发展目标。第二件事就是重构课程、定框架。在我校的育人目标下，课程分为基础型课程、拓展型课程、探究型课程，基础型课程我刚才讲过了；拓展型课程包括校班会课程、社团活动课程、节日文化课程；探究型课程包括研学旅行课程和兴趣走班课程。接下来我们要对课程的结构进行设计。我们提炼了学生的"七个会"，会运动、会生活、会思考、会欣赏、会表达、会创新、会实践，这"七个会"，下面分别有三级课程进行支撑。比如会生活下面有道德与法治课、环境教育课、安全教育课。这样我们完成了课程的结构设计。

乔严平：我们学校的选修课在每周四下午的第一、第二节课，时间是固定的。我们对这样的课实行走班制，有固定的老师、固定的教材、固定的目标、固定的教案。

邓晓红：刚才乔校长讲周四下午走班，走班课程是百花齐放的，每个学生可以选择。那么学校对每一个社团也一定有规定，比如对社团每周活动几次、在什么时间活动有规定，比如社团怎么样选拔队员，怎样评价，这些在课程框架里边要解释清楚。对于各种课程，怎样实施、怎么安排时间、如何评价，我们都要事先想好，因为最后要把这些排进课表、纳入课程管理中。如果学校做好课程管理，学生在体验课程的过程中就可以得到应有的发展。

在我们学校，培养目标全部被写成描述性定义，这样就非常清晰、具体，就可以和一些课程的目标结合起来，目标和评价就能对应起来。有了课程的目标和最终的评价标准，老师就知道自己的课程从哪里来，往哪里去。目前我们每一个年级都有年级毕业典礼，我们运用全景式评价的方式，评价学生行为习惯、品德素养、学业表现、特长发展及在家、在校、在社会的整体表现，这和我们的学生的培养目标紧密地在一起。这是年级毕业典礼的重要内容。这也让学生非常清晰地知道自己的发展面貌，让老师了解自己所教学生的整体发展面貌。我们做校长的在粗放的开发课程和架构课程的过程当中，在脑子里要时刻想到人，把课程和人用一些评价的标准结合起来。课程和人站在桥的两端，我们需要用评价搭起桥梁。这是我们努力的方向。

我们的课程结构搭好之后，就会进入推进的阶段，课堂教学是其中非常关键的一环。现在，我们特别强调学生学习方式的变革。我们需要研究通过什么样的方式能够促进学生自主学习、合作学习和探究式学习。在整个校本课程开发的过程中，有哪些措施可以推进学生学习方式转变？

邱琳：随着现代教育的发展，老师越来越多地开展翻转课堂、探究体验式教学的尝试，组织学生小组合作学习、个性化学习，也充分认识到"我看见了就记住了，我做了就理解了"。我们学校围绕海式少年培养目标，打造以实践创新能力培养为核心价值取向的"悦动课堂"，并提炼了"悦动课堂"的五大要素和四种策略。

我们将培养学生的实践能力和创新能力作为"悦动课堂"的核心，从教学目标的分析与制定、教学活动的设计与实施、学习策略的指导与应用、思维能力的发展与迁移、过程方法的反思与改进五个方面引导老师在教学实践中培养学生能力。

例如，在语文课《牛与鹅》的教学设计中，老师通过在导入、初读、精读、对比阅读、回顾、延伸阅读阶段层层深入的引导，给学生创建了逐渐深入的体验式阅读过程，从而让学生更好地把握文章概况。而且本课设计有小组合作环节，要求学生共同研读"被鹅袭击"和"鹅被制伏"段落，分组汇报，锻炼学生思维分析和概括表达能力。此外，本课还让学生联系生活中遇到的害怕的事情谈自己的感受，启发学生在面对困难和恐惧时应该如何做，从知识的学习上升到情感层面。

在串联和实现五大要素过程中，学校总结了与之匹配的四种教学策略，一是合作学习，通过明确责任分工，让学生共同完成任务；二是生活化学习，将课堂情景导入、知识比拟、能力运用和成果呈现几个方面与学生生活紧密相连；三是动态可视化教学，利用微课、微视频、实验操作等形式，丰富学生的感官体验；四是游戏化教学，将问题设置成游戏，激发学生的认知兴趣，在探索中发散学生思维。

"悦动课堂"推动老师丰富教学形式，现在老师更加注重探究式、体验式、合作式的学习。"悦动课堂"真正把课堂还给学生，让学生由被动地听转向主动地做。在"悦动"中学生的思维得到了锻炼，能力得到了提升。作为海洋国防教育特色学校，我们学校又设计了四步一融合的教学模式，通过作业单导学、专题讲座、海洋研学、学科互动、综合活动融合等方式，调动学生耳动、眼动、口动、手动、脑动。

课堂是师生成长的互动场，要让课堂活跃起来，就要激活课堂中的所有要素。学校根据学生的培养目标，围绕"悦动课堂"核心价值，创新课堂教学内容，总结、提炼出课堂五要素，即基于问题、高阶思维、关注过程、有效互动、富于人文，创新了STEAM导学模式。

校本课程在此方面具有优势，因为校本课程较国家课程更具有地域特点和针对性，更加贴近学生的生活实际，在培养学生综合运用多学科知识来解决实际问题的能力方面独具优势。老师在课程实施中可以充分运用身边的教学资源，以"学"定"教"，以"学"定"导"。

例如，我校作为临海的学校，开发的校本课程"海洋气象课""海况观察实践课"就深受学生、老师的喜爱。在这些课程中，学生真正走进大自然中，走进场馆中，眼动、手动、口动、脑动，真正"活"起来。我校的"海况观察实践课"还荣获了青岛市第三届精品课程。

毛小园：校本课程的研发，基于校情、学情，也基于老师的认识与思考。校本课程与国家课程相比，与学生的"匹配度"更高一些；在教学内容、教学组织形式、学业评价上，也更加灵活一些，更加贴近学生的生活和实际。比如，我们学校的木工课、无人机课、服装大师课，学生的参与热情非常高，抢课平台一开放，可以说是"一座难求"。在这些课上，学习评价更注重过程，学习方式更趋向于协作式，学生也能更主动、更充分地参与到学习活动中，我想这就是"以学生为中心的课堂"。当然，不光是校本课程，在国家课程的实施中，我们也应该更多地关注课堂的变革，以更好地适应学生发展的个性化需求。

戴茜：目前大多数学校的校本课程都属于实践性课程，对知识的系统性方面要求不是太高。这就与学科类课程产生了极大的不同。另外，学生在实践性课程的学习中，不以读书、听讲为主要学习方式，而是围绕要研讨和解决的问题开展一系列探究性活动，所以学习方式活泼。校本课程强调学生应当在活动中学，注重直接体验和经验积累，是把培养学生的主体意识、合作意识、创新意识、动手能力、交往能力、收集与处理信息的能力、发现与解决问题的能力作为重点的，是将学生的发展置于中心地位的。

高彩霞：每个学生的认知偏好是不一样的，学习方式也不同。固定、统一的学习方式真是一把双刃剑，成就了很多好学生，同时也制造了很多学得不好的学生。如果学生在学校，能按照自己的方式学想学的东西，还能达到国家学业水平的要求，这样的学校该多受学生喜欢呀！我觉得，这不是一件单纯的事，需要从课程、空间、资源、评价、技术、机制、文化等多方面入手，围绕"学生的学"进行学校生态的重新构建。要让学生在学与教的过程中主动，就必须放开学生的手脚，给学生选择的空间，提供充足的学习材料、工具、标准、评价办法，把老师的课堂变成"我的学习场"。比如，我们学校的语文老师为了满足学生不同模块能力的个别化需求，设计了基础阅读、拓展阅读、专题阅读等多方面的助力课程，把课程分模块"切碎"，采取"3+2"的课程设计；在学习方式上，尽可能设计实际应用场景，让语文学习贴近生活。老师们借助学生喜欢的电视节目，把素材创造转化为作业，对散文学习借助《朗读者》，对古诗文学习借用《中国诗词大会》，对传统文化学习借助《文化庙会》。比如，老师在中秋课程中借助文化庙会的形式，把学习任务融入选题、策划、资源遴选，让学生当设计者、教练和评判者，在指导别人和自己过关斩将的过程中，不断展开深度学习。从语言建构与运用、思维发展与提升、文化理解与传承方面得到锻炼和提升。有一位高年级学生告诉我，他有一个任务，就是在每周升旗仪式上，要对全校师生进行一周新闻播报。为了完成这个任务，他要看好几个新闻公众号，每天看新闻联播和新闻评论，阅读量大增。

乔严平：在课程的改革实践中，我校结合实际，富有创造性地开展工作，取得了一定的成绩，总结了一些经验。

课程改革最重要的在于学习方式的转换。随着课改的深入，老师不再仅仅关注尖子学生，而是面向全体学生的发展；在教学过程中，老师总在积极探索培养学生能力的方式和使学生积极参与进来的课堂形式；老师不再仅关注教学的结果，还关注教学过程中学生的快乐程度；老师正在从传授的角色逐渐转变为学生学习的促进者、合作者。探究式的教学模式正在越来越多地得到老师青睐。在教学过程中越来越强调德育和美育的渗透。

老师使用多媒体的方式、探究式的方式开展教学，能鼓励学生提出问题，在教学中能考虑学生的想法、理解学生的观点、了解学生学习中的困难。老师现在更加关注如何设计教学，如何发挥学生的主体作用，从而更好地体现新课程中所蕴含的对学生发展的价值。

学生学习方式发生了变化，学生对学习更加感兴趣。我校新课程的核心就是要改变学生机械记忆、被动接受的旧学习方式，形成自主、探究、合作的新学习方式。尽管目前学生学习还是以听老师讲课为主，但是与同学讨论、交流的小组合作学习和社会调查等研究性学习已成为重要的学习方式；从作业形式上看，作业不再全是抄题、计算、背诵，通过观察、收集信息、处理信息而得出结论的活动性作业有所增加。学生学习更有兴趣了，更喜欢现在的教材。

校本课程是国家基础教育课程设置实验方案中的一部分，指学校自行规划、设计、实施的课程。校本课程开发是一种与国家课程开发相对应的课程开发策略，从其本质上说是学校教育共同体在学校一级对课程的规划、设计、实施与评价的所有活动。校本课程是对国家课程、地方课程的丰富和补充，其开发的目的是满足学生和社区的发展需要。我校从当地社区、学校的实际出发，同时结合传统和优势，开发了适合我校实际情况的校本课程，如葫芦丝、巴乌、排球、武术、书法等，提供给有不同需求的学生，充分发挥校本课程对学生发展的不同价值。

王成广：以学生为中心，引导学生自主合作探究学习，让课堂活起来，这是新课程改革对课堂教学提出的要求，无论是国家课程学习，还是校本课程学习，都应该努力做好这一点。学生的学习状态和质量是衡量一节课的最重要的标准。当然，因为校本课程基于学校和学生需求设计，实践、体验内容更多一些，以学生亲身参与实践、体验的学习方式为主，所以更受学生喜欢。

以学生为中心、让课堂"活"起来关键在于学生的思维要活起来，这就要求老师要站在学生的角度设计适合学生思考和能提高学生思维能力的问题。问题不宜设计得过于复杂，学生不用费力就能回答。老师一开始应该设计思考性较强的综合性问题，引导学生独立思考，然后让学生进行小组讨论，接着全班交流，在交流的过程中碰撞出智慧的火花，让学生体验经过凝思后获得结果的快乐，这种快乐会激发学生进一步参与到课堂中来，课堂因学生深入思考而"活"起来。

为引导学生主动学习学校课程，我校喊响了"让学生站在台中央"的口号，想方设法引导学生参与课程学习活动，争做课程学习的小主人，学生学习的主动性不断增强。比如，我校开设的课前三分钟活动展示课程，每双周每个学生参与一次课前三分钟展示，所有学科的老师对此课程协同推进，由各班班主任统一协调、安排。学校尽可能地为每个学生创造参与的机会，学生的主动性、能动性才会不断增强。另外各学科老师在班主任协调下定期对班级学生情况进行分析、诊断，对某些学生共同关注、引导也是一个好办法，这也叫集体备班。

邓晓红：刚才大家在谈课堂教学的变革时，都提到了教师的探索和创新。那么在课程开发中除了本校教师资源之外学校还主动开发和利用了哪些资源？

乔严平：我校除了利用本校教师资源之外，还充分利用学校的课程资源。学校提供的课程资源在各种课程资源中是占首位的，如科学实验室及相应仪器设备、挂图、音像资料等，我们学校还建设了植物园。

另外，我们学校地处农村，属于城乡接合部。我们充分利用农村的优势，利用社区和农村的课程资源。田地、树林、灌丛、草地、池塘、河流等，为学生学习提供了丰富的自然资源；耕作方式的变革、新品种的引进和推广、病虫害的防治、先进农业技术的应用等，又为学生学习提供了丰富的人文资源。

我们适当利用学生家庭中的课程资源。学生家庭中往往有不少高手或者有关的课程资源可利用。有的学生家长可能就是书法、手工、武术等专家，能够指导或参与学生的学习活动。

王成广：在课程开发过程中除了本校教师资源之外，我们学校还充分利用区教研室教研员、政府部门的不同行业的专家、周边办学质量高的专业培训学校的教师等资源参与校本课程开发，保证了课程开发的专业性和质量。我校在开发"加油，我很重要"心理课程时，就聘请了国家心理督导师、国家二级心理咨询师黄艳艳和区小学教研室邸秀娟担任课程开发指导专家，其他很多学校开发课程时都采取了这种方法。

戴茜：杭州路小学开发了"我与消防"校本课程，为了保证知识的准确性，在课程开发过程中我们聘请了消防部门专业人士。同时，我们还邀请了教研室分管地校课程的教研员从教材的框架、体系上对教材进行了审核。

高彩霞：我觉得课程开发是一个系统而复杂的过程，本校教师是非常重要的资源，但是单靠教师资源还远远不够，我们学校也充分利用了校外资源开发课程。在我们看来，校外课程资源是指学校以外的家庭、社区乃至整个社会中可以用于教育的各种信息、设施、条件及丰富的资源。如，美术课程是我们学校非常有特色的课程之一，学校依据农耕文化建设了菜篮子美术馆，而我们在开发课程过程也认识到民间美术具有浓郁的地方特色，是优质资源。新课程标准的实施，为教材的编写和教师处理教学内容带来更大的自由度，这就方便我们把更多地方美术课程资源纳入美术教学中。美术教师在教学中有针对性地利用本地区最有特色和影响力的美术资源或结合身边的乡土美术文化组织自己的教学内容，很好地激发了学生的学习兴趣。我们学校利用的校外美术资源可分为两块，"物质"资源，有名胜古迹等；"非物质"资源，有庆典、民俗活动等。针对这些资源，我们学校开展定期的美术创作活动。如，拓年画属于夏庄的非物质文化遗产，每年春节期间，我们都会设计拓年画、画泥虎等特色美术课程。我们先请学生课前搜集相关的资料，了解民俗文化的起源，打印一些照片；然后再在课堂上开展美术创作活动，请非遗传人到现场指导，学生把先前搜集到的资料和现场拍到的照片对比，又有了情绪上的体验，很快就创作出质量较高的美术作品。这样课程就相当有意义了。

毛小园：校本课程是一个动态的、成长的系统，在研发过程中，除了本校教师资源，我们还充分挖掘了家长资源、社区资源、地方资源和专家资源。比如，我们开设家长讲堂，引进青岛的涉海单位资源，成立学校海洋教育专家库。对这些资源的整合和利用，丰富了我们的校本课程。

邱琳：我校除了利用本校教师资源之外，还充分利用学校的地理优势挖掘资源。学校地处青岛市南区最西端的团岛湾畔，是名副其实的前海沿儿的学校。学校周边有边防派出所、海警、海事局等单位，这些都是非常好的课程资源。

依托这些资源学校成立了海洋教育推进小组，定期邀请海洋教育首席专家和学校海洋教育基地的专家与老师一起研究。在专家的指导和资源的统筹下，我校老师的课堂教学水平和科研能力不断提高，老师还开发了适合我校的海洋校本课程"海洋气象课""海况观察实践"，并编写了教材。

依托这些资源学校还把课堂搬上舰船、灯塔等校外场所，定期组织学生到海洋教育基地进行研学活动。学生在海警船上，听支队长讲解海警队员克服困难完成海上维权任务的故事；参观团岛灯塔，听守塔人、全国劳模王炳交的故事和灯塔的故事；与曾经在"长征一号"核潜艇上服役的老战士们参观"长征一号"核潜艇。高年级学生将研学所得制作成PPT，利用海洋课或午休时间为低年级学生讲解。研学实践丰富了课程内涵。

邓晓红：评价是课程开发中重要的一环，通过有效的评价能够反观我们的课程效果，让我们对下一步的课程推进做出调整。在校本课程的开发中，大家通过什么方式进行课程、教师以及学生评价？

高彩霞：对学生的评价我们主要采取了"三看"：一看学生学习课程的学时总量，老师做好平日的考勤记录；二看学生在学习过程中的表现，老师根据学生的学习状态给予评价；三看学生学习的成果，可通过实践操作、作品鉴定、比赛、汇报演出等形式展示，或通过考试或考查进行检测。指导老师根据这些成绩初步进行学分认定，并记入学生成长档案。学校每学期末举行学校课程阶段成果展示，40余个学校课程全部参与。有静态作品展，展示泥塑、壁挂画、十字绣、剪纸等作品。也有课程以读书会、好书推介等形式展现学生综合素养的提升。合唱、舞蹈、二胡、健美操等以汇报演出的动态形式展示成果。我们还邀请家长参与课程的展示活动，让家长亲眼看到孩子在学校丰富的生活，感觉到学校在用心办学，提高社会满意度。

乔严平：关于校本课程评价，我们学校基本上采用汇报性的展演的方式，邀请家长到学校各个社团观看学生的展演。

邓晓红：其实这也是一种非常有效的评价方式。主题评价、档案袋评价、展示性评价，这些是非常好的表现性评价。还有定量评价，比如，根据出勤、学业表现给予评价。

针对学生，我们学校做全景式评价，目前运用两年了，效果很好。全景式评价全面、多元，有利于激发学生的主动性，也让老师对教学和学生的发展有清醒的认知，有利于基于评价改进。要落实立德树人根本任务，必须建立科学的教育评价体系。我们朝城路小学建立全景式评价方式，从学业、特长、德育、实践等几个方面，对学生进行综合评价与分析。学业评价主要关注学业态度、学习成果两个方面，德育评价主要关注行为习惯和品行修养两个方面，实践包含劳动和社会实践，用数据记录学生的学习、成长全过程。全体老师参与评价，多方面、多角度地评价，目的在于鼓励学生积极参与学校各项活动，在纪律、卫生、行为习惯、学业表现、社团活动等方面严于律己，做一名合格的德润娃。我校在评价方式上采用信息技术手段，创建了全景式学生评价系统。老师关注学生学习活动过程，对学生及时评价，充分调动学生的积极性，并且让家长也参与到评价过程中，促进家校共育工作。全景式评价系统每周、每月生成数据报告。数据化的呈现形式也让统计变得更可视化、更便捷。系统可以生成不同类型的评价报告。校长报告提供全校学生评价情况，可以让校长查看全校不同班级、学生的评价情况。班主任可以查看班级报告，学生进步情况、班级各项评价指标分布情况，全都一目了然。家长可以通过全景式"晓黑板"评价系统，掌握孩子每天的表现与不足，更了解孩子的学习和成长。系统每个月生成的月度报告让家长阶段性地了解孩子的总体情况，更好地配合老师教学，提升孩子的学习成绩。全景式评价系统还拥有兑换管理系统，可以实现奖品的上架、发放管理等。老师均可通过后台进行自定义设置，满足学校的实际需求，充分利用评价成果。

课程的评价包括可行性，就是课程实现后效果如何，有很多课程听起来很美好，其实效果不大好。另外课程的评价还要包括可持续性，有很多课上完了，但是没有什么持续性。课程评价当中还要有有效性，就是评价课程对学生未来的成长帮助有多大。

毛小园：我们给学生提供更多、更好的课程，在这个过程中学生才能发现自己的兴趣所在，比如，你以为你的孩子爱唱歌，其实人家爱踢球。我们开设许多社团课程，就是让学生有机会了解自己的兴趣所在和特长。

邓晓红：刚才毛校长说小学要提供丰富的课程，让学生发现兴趣，但我们需要把握基准。学生通过课程发现自己的兴趣，他们会特别高兴。兴趣对人的个性形成和人的发展起巨大的作用。所以小学设置更宽泛的、更多元的课，来满足学生的多样化的需求，课程还能用来分析学生的职业兴趣和个人潜能的吻合度。

2009年我去加拿大学习，发现加拿大的小学有职业兴趣课，从小学二年级就开始，做得很规范。他们有非常系统的评价指标体系。比如，他们让二年级学生画画，观察学生喜欢什么颜色，喜欢什么图案，基于此做心理分析。我有一个朋友，他的孩子在美国上大学，学校每年都会做心理学测试，分析学生的职业发展方向，让学生对自己有清醒的认知。我觉得这是我们做课程应该学习的东西。

毛小园：我亲戚的孩子申请美国高中，他做了一个很详细、很复杂的职业测试，测试结果为他提供了参考。他可能从高中开始就要为将来上大学做准备，为他的专业做准备。

邓晓红：在第二部分中我们讨论了五个问题，一是关于国家课程校本化的问题；二是赋予教师课程权，调动教师自下而上的力量的问题；三是通过什么方式保证学校各个门类的课程能以一个统一的目标推进的问题；四是关于学习方式的问题；五是关于评价的问题。

课程影响了谁

邓晓红：最后我们要讨论一下，在校本课程开发过程中，我们的学校、校长、老师和学生都有哪些成长和变化。我们来看一看课程都影响了谁。我们先从学生开始说吧。

邱琳：我从感性的角度来说学生的变化。一天早晨下雨，我在二楼打水的时候，发现楼道光线暗，我就把灯打开了。一个学生走过来说："老师，谢谢你，给我们把灯打开了。"他说完这句话向我伸出了小手。我使劲握了握他的小手。这就是学生的变化。小小的例子体现了学生的成长，感动了我，也激发我对工作的热爱。家长对学校的认可也是一种变化，也是对我的鼓励。

毛小园：以前老师用统一的教材、教学大纲，现在老师能够对国家课程进行校本化了，甚至可以上自己研发的课程了。我觉得老师是能够感受到自己的职业价值的。

戴茜：我们学校有位老师是中医药大学毕业的。有一天，她主动找到我，对我说，可不可以在学校课程中开设一门有关中医药的课程，这样她可以给学生讲一讲我国中医药的发展，让学生知道中医药是我国的瑰宝，增强学生的民族自信心。这个老师的举动充分说明在做学校课程的过程中，老师们在逐步跟进，逐步由被动变主动了。

另外，刚才邱校长提到家长认可度。如何提高家长对学校的认可度？如何让家长认同学校、认同学校的发展呢？课程建设就是一个很好的载体。因为通过丰富多彩的课程，学生得到了全面的发展，家长的认可度也就自然提高了。比如，我们学校开了京剧社团课，开始有的家长反对，他们认为学生学京剧没用。后来，在与家长的沟通中，我说："学校开设各类课程是为了帮助孩子找到自己的兴趣，帮助家长发现孩子的潜能。另外，孩子从小就学唱京剧，这也算是具有一定的竞争力呢。如果今后有啥才艺展示，别人只会唱通俗歌曲，可你来一段京剧，那感觉可太不一样了！"我们的社团老师都积极利用微信及时发布学生的学习情况，与家长进行有效沟通。慢慢地家长感受到孩子在学校学习的快乐，于是对学校的认同感和满意度就逐渐提高了。所以我认为做好课程建设对提高家长满意度工作是具有积极推动作用的。

邓晓红：家长需要引导。

戴茜：对，所以学校不仅要培养有高尚的道德情操的好老师、培养有远大志向的好学生，还应该引导家长做孩子的好朋友，做学校工作的最佳合伙人。

高彩霞：我以学校的阅读项目为例。随着项目推进，我发现老师们希望参与儿童阅读专业培训的愿望越来越强烈，于是，学校选送骨干教师参与青岛市儿童文学基地关于儿童阅读推进活动的培训。学校还为老师购买了大量书籍，组织全体语文老师学习，提高老师的鉴赏能力和指导能力。没有大纲，我们学习语文课程标准，一条一条自己写；没有参考书，我们人人参与，分工合作，编写了"三导"教学手册；没有课堂模式，我们自己摸索，自创了阅读活动的四种课型……就这样，思路被一点点打开，从无到有，从有到精。阅读课程内容越来越丰富，"图书漂流活动""我与作家面对面""亲子阅读 DV 大赛""阅读课本剧表演"等一系列的阅读成果分享活动受到学生的欢迎。我们学校学生的作品多次在《齐鲁少年报》《半岛都市报》刊登。我们仿佛听见了花开的声音。这就是阅读课程带给我们的改变。

王成广：我谈一谈课程影响学校。我觉得课程确实能提升学校名气，突出学校特色！现在在即墨，提到我们学校，大家都会说我们学校柳腔课程做得特别好！上级领导对我们学校结合地方特色把即墨柳腔引入校园给予充分的肯定。我校柳腔社团2018年、2019年均入选青岛市中小学生艺术团。我们学校因柳腔课程做得好，还被青岛市教育局、省教育厅推荐参加2019年全国中小学中华优秀传统文化传承学校评选，所以我觉得做好课程让学校提升很大。

邓晓红：我从20岁开始当老师，已经30年了。最开始当老师时，我跟着师傅一点一点地写教案，对于目标、教学过程如何与目标相对应、如何进行课堂评价都是懵懂的。我走上校长的岗位，再带着老师一起做课程的时候，被逼着思考，思考教育要帮助学生什么？教育本身是什么？我回想自己小时候的需求和兴趣，再推己及人。如果没有课程这个载体，我可能还只是就课论课，还是不能真正地明白到底教育是什么、课程是什么、教学是什么、学习是什么。我不敢说我现在能够真正回答这些问题，但是现在的认知比原来要深刻多了。

咱工作室上一次去郑州，我感受很深。郑州金水区坚持课程改革有十年，确实做得非常好，全面开花，而且每一个学校的课程都是组群式发展，这不是一朝一夕之功。

课程改革需要坚持。不同的学校不一样。有的学校就是百货大楼，传统名校，什么都要好。但是如果一个新校或者一个薄弱校想做成百货大楼，一开始就把架子搭得那么大，师资不支持，资源不支持，财力不支持，很难见到成果。王校长学校的课程就给我们很好的启发，把特色课程做大、做强，形成一个拳头产品。

最后，课程以及课程中的人的力量，给我们的学校带来了哪些变化和发展呢？

邱琳：课程作为学校教育实施的重要载体，对于学校、校长、老师、学生都有非常重要的影响。进入互联网时代，智能教育、跨学科项目课程等为学校课程的发展起了强大的助推作用。2018年以来，青岛八大峡小学立足学校实际，深入开展基于海洋特色的STEAM课程开发实践，"海式少年品格培养STEAM系列课程""维京时代""海况观察实践""滨海旅行课"等一系列主题课程的实施，让学生获得探究式、主动性学习体验，提高了学生的学习能力、学习兴趣，也大大推动了学校和老师的发展。

2018年11月21日，我校殷洁老师在青岛市教育科学研究院与山东省教育科学研究院联合主办的山东省首届STAM教育高峰论坛暨"岛城教育家成长"系列论坛上执教了五年级课程"神奇秘语"，受到与会领导、专家们的好评。

2019年4月4日，我校承接了由教育部港澳台事务办公室、山东省教育厅、青岛市教育局、市南区教育和体育局联合组织的香港校长考察团交流互访活动，殷洁老师进行了STEAM教育的专题分享，也赢得了香港教育同仁的高度评价。

2019年7月我校成为山东省"互联网＋教师专业发展"工程创新培育项目学校。

2019年8月，"圆蓝色海洋强国梦 育振兴中华未来人"被评为首届全国学校国防教育典型案例。

2019年9月，我校"海况观察实践课"在2019年青岛市中小学精品校本课程评选中被评为精品课程。

2019年10月，我在中国教育学会会员日活动暨"海洋教育"学术研讨会上做"圆蓝色海洋强国梦 育振兴中华未来人"经验交流；殷洁老师撰写的《新技术手段在STEAM课程中的综合应用》教学案例，在"第二届中小学教育装备应用创新论坛"上荣获全国一等奖。

毛小园：在课程建设的过程中，老师的变化是比较明显的。在实践的过程中，老师对课程的本质有了新的理解，更重要的是，老师对教育的认识、对学生的认识都发生了变化，也直接引起了课堂的改变。有的学生说，老师的课变得比以前有趣了。有的老师也开始尝试设计一些小的项目。我觉得老师的这种状态是最令人欣喜的，我也期待着更多老师能投入到课程建设中来。

校本课程中，动手操作、探索的内容多一些，课程必然更加开放、生动一些，这样的课程很容易引起学生的兴趣。在这些课上，学生的思维活跃程度、合作能力都有明显的提升，特别是学生开始关注周围的生活，能够主动地、综合地运用知识去解决问题。我觉得这很了不起。

高彩霞：我们学校主题阅读课程体系的构建经历了好多年。这个过程不容易，现在已初见成果。课程的建设让我们在校园里找到了快乐与幸福。课程的构建过程，让老师看到的不仅是一节节的课，还是一个完整的课程体系。老师也有了看问题、思考问题的高度，有能力跳出课堂教学的窠臼，站到课程的高度思考教学问题。课堂上，老师不再把一篇课文像摘花瓣一样细细碎碎地摘给学生看，而是将一束一束鲜花捧到学生面前。如果说原先的语文课堂就像门窗紧闭、窗帘紧掩的教室，光线昏暗、密不透风，空气沉闷得让人昏昏欲睡。现在的语文课窗帘拉开了，窗子打开了，柔和的阳光弥漫开去，清凉的微风翩跹而来……改变都是由内而外的，老师有了课程行动力，也带动了学校的发展。

乔严平：村级小学校本课程的开发与建设十分必要，是教育改革、发展的必然，是学校发展的必然，是培养具有个性化的一代新人的需要，具有十分重要的价值。

我校在前几年研究的基础上，通过近两年来的深入实践与探索，校本课程的开发与建设取得了可喜的成绩，主要表现在以下几方面：第一，老师的教育观念得到了改变，素质得到提高。"以学生发展为本——面向全体学生，让每一位学生都有发展。"这一新理念成为全体老师教育的出发点。在校本课程的开发与建设中，许多老师成为课程开发的主人，资源开发能力有了很大提高。第二，学生的综合素质得到了发展。社团活动具有一般学科知识不可替代的教育价值，它有效地提高了学生的综合素质，培养了学生的创新能力、实践能力。

王成广：课程的开发、实施，为学生提供了发展特长、展示自我的舞台。学生体验了成功，增强了自信，绽放了个性。我以柳腔课程开发、实施为例，近五年来，我校学生参加了近百场汇报演出和比赛活动。学校每年举办校园戏曲节，以班级为单位进行柳腔汇报展示、戏曲知识竞答等，激发学生学柳腔、爱柳腔的热情。

我校柳腔特色鲜明，中央电视台教育频道《非遗中国》栏目、《山东新闻联播》、山东少儿频道《铿锵校园行》、青岛电视台《校园情报站》、即墨电视台及《青岛日报》《半岛都市报》先后对我校打造柳腔特色方面进行了宣传报道。学校的社会知名度和美誉度不断提高，老师的自信心增强，学校整体工作不断提升。

戴茜：我们的任务既然是教书育人，那么我们做课程也是为了培养学生。下面我想从学生的变化来谈谈。在实际操作中，为了提高学校课程开设的针对性、实效性和有效性，每学年我们都会在学生、家长和教师群体中进行关于课程建设的问卷调查。问题如，你最喜欢的课程是什么？学习过程中，你的收获有哪些？你希望自己的孩子参加哪方面的课程学习？你认为目前我校在推进学校课程中的困难是什么？……根据调查问卷的结果，我们会结合学校、教师、学生实际发展需求，对各类课程有序地推进和架构。经过多年的探索与实践，我们不难发现学生最喜欢的还是那些实操类课程，如"点心吧""生态园地""手账工坊"……因为在这些课程的学习中，学生的参与机会更多，自我满足感与成就感更大。针对这种情况，我们结合职业体验教育，在学校课程中融入了各类职业体验课，如涉及花艺、烘焙、茶艺、发艺、摄影、编程的课程。通过参与丰富多彩的课程，学生的眼界更宽了，动手操作能力也得到了逐步提高，学习的积极性和主动性也在不知不觉中增强。

结束语

邓晓红：在我们这次座谈会开始前我内心忐忑，既担心校长们因为拘谨把交流变成了工作汇报，又担心案例过于琐碎而失于理论研讨。因此我们从学校课程文化中集中出现的"花"和"润"字入手，先去探寻文化提炼的背后究竟有怎样的思考。这个问题一下子打开了大家的话匣子，大家都津津有味地谈起了自己学校的"七色花教育""百花课程""德润校园"理念……

正如校长们谈到的，课程是为学生设计的，适合学生的课程就是好的课程，教育要静待花开。校本课程开发使我们每一所投入其中的学校都自觉地向更加开放、包容与理解转变。校本课程的开发促进了课程中的人的觉醒，让校长感到自己的课程领导力，考虑学校不同类型课程的均衡，循序改进方案；让教师感到自己的专业力量，成为课程的开发者和设计者；让学生感到课程也是一种体验、一种经历，让学生认识自己，肯定自己，并透过这样的自己去认识世界、创造世界。

座谈中校长们的思考也许并不深入、并不完善，但这代表了我们对于构筑更好的教育的不懈追求。未来，这种研究还会继续。课程开发，我们一直在路上。

跋

邓晓红校长工作室成立之初，主持人邓晓红校长把提升课程领导力行动研究项目确立为工作室的重点项目。我们以课程实践的方式，重点探索学校课程计划、学科建设、课程评价、课程管理这四方面面临的难点和关键问题，旨在改善学校的课程状况，指导并促进学校课程改革，提升学校课程品质。

这是一段充满挑战和机遇的教育旅程，这是一系列基层学校的实践与研究。梦想，探索，发现，革新。在这之前，一切悄悄萌动；在这之后，一切已慢慢蜕变。

学校课程改革最开始可能只是一个想法，然而一旦发展成感召一群人的目标时，就不再是个抽象的概念，人们开始把它看成学校发展的"引擎"。

实践中，我们采取了行动研究的方法，通过"制订计划—行动实践—改进—再行动"的循环上升的研究路径，边学习，边研究，边实践，并按照"研究—开发—试点—推广"的工作思路，发挥这些项目的辐射示范作用，为区域学校提供鲜活的案例和有效的经验，带动了工作室成员学校课改工作扎实推进。

课程领导力的提升是一项极具革新意义的工程。无论是顶层设计还是实施、推进，都不是简单的行政与管理过程，而是充满了不确定性和复杂性。如何从行政领导走向专业领导？如何跨越理论与实践的鸿沟？我们需要一步一个脚印、扎扎实实地探索；需要在行动中研究、思考解决问题的路径和策略；需要各方通力合作、共同应对。

人人都可以成为课程领导者。校长强有力的领导不是指挥和支配，而是激发教师潜能，使他们成为自我领导者，促使每一位教师都能像专家一样整体思考标准、教材、教学和评价。

同舟共济，我们一起走过了三年。

几年的研究与实践，从困惑、质疑、争辩开始，到接纳、参与、行动、跟进，再到现在的主动前行，在我们走过的每一步里，有精彩，也有煎熬、痛楚。这煎熬、痛楚来自"破与立"的矛盾与纠结。"破"的是学校原有的国家课程、校本课程、综合实践活动课程的独立设计的课程规划，"立"的是三者有机融合的学校整体课程规划；"破"的是学科课程、校本课程、综合实践活动课程的独立实施，"立"的是三者实施方式的整合；"破"的是原有的学校教育思想、办学理念、育人目标的各不干扰的状态，"立"的是以学校教育哲学、学校课程理念为核心而构建的具有逻辑关系的课程体系。随着研究工作的推进，问题在思辨中得以解决，课程意识在学校层面、教师层面正在被唤醒，学校从"校本课程"建设走向"本校课程"建设，教师从"学科表层"走向"学科深处"。

时光见证着我们的变化与成长。《我们的课程故事》一书，是学校课程建设与改革的研究成果。七所学校携手变革，发展学校特色文化，由学校特色文化引领学校课程改革。七所学校在"破与立"的过程中，完成了自我蜕变和自我升华。这份成果并不完美，却见证着我们的成长，见证着我们越来越好的样子。

感谢广东省中小学校长培训中心龚孝华教授的高位引领，感谢青岛大学师范学院马玉宾老师的悉心指导，感谢乐学网主编、山东省政协委员娄雷的鼎力支持，感谢青岛市教育局对校长培养工程的厚爱，感谢青岛市教育科学院各位领导的帮助，感谢工作室成员学校和老师们的不懈努力。

这场教育旅程中的每一个片段、每一个场景都历历在目。虽然

172